21世纪普通高等院校系列教材

人寿与健康保险

RENSHOU YU JIANKANG BAOXIAN

主 编○曾晓佳 廖 敏 王静曦

西南财经大学出版社
Southwestern University of Finance & Economics Press
中国·成都

图书在版编目(CIP)数据

人寿与健康保险 / 曾晓佳,廖敏,王静曦主编.—成都:西南财经大学出版社,2023.2
ISBN 978-7-5504-5536-8

Ⅰ.①人… Ⅱ.①曾…②廖…③王… Ⅲ.①人寿保险—教材②健康保险—教材 Ⅳ.①F840.62

中国国家版本馆 CIP 数据核字(2023)第 020911 号

人寿与健康保险

主　编　曾晓佳　廖　敏　王静曦

责任编辑:李晓嵩
责任校对:王甜甜
封面设计:何东琳设计工作室
责任印制:朱曼丽

出版发行	西南财经大学出版社(四川省成都市光华村街 55 号)
网　　址	http://cbs.swufe.edu.cn
电子邮件	bookcj@swufe.edu.cn
邮政编码	610074
电　　话	028-87353785
照　　排	四川胜翔数码印务设计有限公司
印　　刷	四川五洲彩印有限责任公司
成品尺寸	185mm×260mm
印　　张	11
字　　数	227 千字
版　　次	2023 年 2 月第 1 版
印　　次	2023 年 2 月第 1 次印刷
印　　数	1— 2000 册
书　　号	ISBN 978-7-5504-5536-8
定　　价	29.80 元

前言

近年来，我国人寿与健康保险市场发展迅速，市场规模持续扩大，尤其是在新冠感染疫情背景下，人寿与健康保险获得了市场消费者前所未有的关注。面对新的市场发展态势和机遇，保险类教材的建设在保险人才培养中的作用也显得更为重要。人寿与健康保险课程是保险专业的主干课程。

在党的二十大报告中，习近平总书记提出："深入贯彻以人民为中心的发展思想，在幼有所育、学有所教、劳有所得、病有所医、老有所养、住有所居、弱有所扶上持续用力""完善基本养老保险全国统筹制度，发展多层次、多支柱养老保险体系""建立长期护理保险制度，积极发展商业医疗保险"。随着中国特色社会主义进入新时代，我国人身保险市场的发展将会再上一个新台阶，实现高质量发展。随着行业不断向前发展，保险监管力度也将不断加大。近年来，随着《中华人民共和国保险法》《健康保险管理办法》等法律法规修订或出台，人寿与健康保险市场面临重大调整和发展。在新形势下，为了满足高等院校保险学专业课程教学的需要，我们编写了这本《人寿与健康保险》教材。

本书的编者均在高等院校从事相关课程的教学和研究工作，部分编者在实务部门从事过多年的相关实务工作。本书对人寿与健康保险的理论进行了系统梳理，对国内外人寿与健康保险业务发展的最新动态进行了介绍，努力做到理论与实践相结合。本书既适合作为高等院校保险学专业的专业核心教材，又可以作为其他财经类专业的相关课程教材，还可以供对人寿与健康保险感兴趣的广大读者阅读。

本书由广东金融学院保险学院曾晓佳拟定大纲并负责全书的总纂，参加编写的人员及具体写作分工如下：曾晓佳编写第一章、第三章、第四章、第五章；王静曦编写第二章；廖敏编写第六章、第七章；王慧编写第八章。

本书在编写的过程中，参考和借鉴了相关著作及研究成果，受到了相关作者的启发，在此深表感谢。

由于编者学识水平有限，人寿与健康保险领域处在不断的发展变化之中，书中难免有疏忽或不足之处，恳请各位同行、专家学者以及广大读者批评指正。

编者

2023 年 1 月

目录

第一章　人身风险

学习目标

1. 掌握人身风险的含义
2. 了解人身风险的特征
3. 掌握人身风险的分类
4. 了解人身风险的管理技术

在生活中，风险无处不在、无时不有，风险的客观存在是保险产生和发展的前提。没有风险就没有损失，也就没有保险。每个人和经济单位都十分厌恶风险，因为伴随风险到来的往往就是各类经济损失和人身伤亡。但究竟什么是风险、什么是保险业所指的风险，却未必人人都清楚。人们只有正确认识了风险，才能把握风险因素、风险事件以及如何正确处理风险。因此，个人和团体在进行人寿与健康保险规划和购买之前，非常有必要了解风险和人身风险的一般理论。

第一节　人身风险概述

一、风险的含义

不同的学者对风险的概念有不同的解释，归纳起来主要有以下两种：

一种是从损失概率的角度定义。最早提出这种定义的是美国学者海恩斯，他在其 1895 年出版的著作《经济中的风险》中将风险定义为“损害和损失发生的可能性”。根据他的观点，我们可以得出损失发生的概率或可能性越大、风险也就越大的结论。在此基础上，后来又有一些学者对该定义进行了进一步的阐述。他们认为，某一事件发生的不确定性越大，风险越大，当损失的概率是 0 或 1 的时候，不存在风险；当风险的损失概率是 0.5 的时候，风险最大。

另一种是从主观的角度对风险进行定义。持这种观点的学者认为，风险是指人们对某种事件造成的损失在主观认识与估计上的偏差。他们认为，某个风险事件造成的损失在客观上是确定的，而不确定的是每次事故造成的损失与主观判断的偏差。小阿瑟·威廉姆斯和理查德·M. 汉斯在《风险管理和保险》一书中将风险定义为“给定情况下和特定时间内发生可能的结果之间的差异”，提出风险可以用标准差或均方差表示。

可见，理论界对风险的定义并不统一。目前，为大多数人所接受的一种定义是：风险是指某种事件发生的不确定性。

需要注意的是，“风险”和“危险”是两个看起来很相近的词语，都是指有可能发生但尚未发生的事件，在部分教科书中，往往将两者混为一谈，而事实上两者完全不一样。在英文中，风险是“risk”，危险是“danger”。在中文中，结合保险的性质，风险发生的结果是不确定的，但危险发生的后果是基本确定的。例如，发生了火灾，这是危险，而不是风险，因为结果是肯定的。保险经营的对象是风险，而不是危险。人寿与健康保险经营的对象是人身风险，而不是人身危险。

二、人身风险的含义

简单来说，自然人面临的各种风险就是人身风险，具体是指在日常活动和经济活动过程中个人的生命、身体所遭受到的，导致人死亡、伤残、丧失劳动能力以及其他费用支出增加的风险。人身风险一旦发生，将会对个人、家庭和社会带来一定的损失，这种损失一般表现在两个方面：一方面是额外费用的增加。这些费用包括由于死亡导致的丧葬费用，由于疾病和残疾产生的医疗、护理等额外费用。另一方面是收入的减少或终止。个人由于死亡、伤残、疾病、失业或退休，都将导致个人和家庭收入的减少或终止。

在人类社会漫长的发展过程中，人们遭受过不少自然灾害、意外事故导致的人身风险。瑞士再保险公司西格玛（Sigma）2019 年的研究报告《经济积累和气候变化时期的自然灾害》（*Natural Catastrophes in Times of Economic Accumulation and Climate Change*）显示，在 2019 年的经济损失中，有 1 370 亿美元（1 美元约等于 6.98 元人民币，下同）由自然灾害事故造成，90 亿美元则源自人为灾害事件。全球保险业赔付了 600 亿美元的损失，其中自然灾害事故占了 520 亿美元。

随着经济的发展，人们的生活节奏逐步加快，亚健康人群的数量逐年增加。据统计，我国有 70%左右的人群处于亚健康状态。2021 年，由北京中西医结合学会与人民数据网联合发起的国民亚健康状态问卷调查结果显示，18~25 岁群体亚健康占比为 33%，25~35 岁群体亚健康占比为 58%，35~45 岁群体亚健康占比为 56%，45~55 岁群体亚健康占比为 61%，55 岁以上群体亚健康占比高达 75%。在所有亚健康人群中，18~35 岁群体占比近 59%，远高于 35 岁及以上群体。亚健康人群通常没有器官、组织、功能上的病症和缺陷，但通常自我感觉不适、疲劳乏力、反应迟钝、活力降低、适应力下降，经常处在焦虑、烦乱、无聊、无助的状态中，自我感觉活得很累。现代医学研究结果显示，亚健康状态多种多样，几乎每种疾病都可能有与之相近的亚健康表现。

疾病尤其是重大疾病，往往会使得个人和家庭面临高额的医疗费用开支，个人劳动收入中断或终止，家庭的经济状况受到严重影响。

三、人身风险的特征

（一）客观性

人身风险无时不在、无处不有，是一种客观存在，不随个人的意志而改变，生、老、病、死、残每一个人都无法避免。虽然随着风险管理能力的提高，可以有效控制部分风险，一些在过去对人类致命的疾病（如天花、肺结核等）已经得到了根治或有效医治，但是却不可能完全排除各种人身风险。正是由于人身风险的客观存在，人寿与健康保险才具有存在的必要性。

（二）损失性

无风险、无损失、无保险，无论哪种原因造成的人身风险都会给人们造成损失。损失既有可能是经济上的，也有可能是精神上的，人寿与健康保险保障的是人身风险带来的经济上的损失，即额外费用支出增加或收入减少，不承担精神上的损失。

（三）不确定性

人身风险发生的不确定性表现在以下三个方面：

1. 空间上的不确定性

生活中到处都充满风险，但具体在哪一个空间发生则是不确定的。以意外伤害这种风险为例，人们有可能在运动场发生意外，有可能在乘坐交通工具时发生意外，甚至有可能在家中发生意外。

2. 时间上的不确定性

例如，人总有一死，总体来说，人的死亡具有一定的规律性，但具体到某一个个体，则体现出不确定性，有的人活得长，有的人死得早。

3. 损失程度上的不确定性

人身风险的发生会给人们带来损失，但损失的大小是不确定的，具有偶然性。以医疗费用支出为例，有的人只是普通感冒或发烧，自己口服感冒药就痊愈了，医疗费用支出少；有的人罹患重疾，需要住院治疗甚至做手术，医疗费用支出多。

（四）可度量性

虽然人身风险的发生具有偶然性，但是就某一群体或某一区域的人口总体而言，人身风险的发生具有一定的规律性，这种随机现象服从某种概率分布，能够运用概率论与数理统计的原理进行统计和研究，将不确定性转化为确定性。最典型的就是生命表，即通过对某一地区或某一家保险公司的被保险人的各年龄段的死亡率进行长期统计观察，就可以较准确地得出该地区各年龄段稳定的死亡率。

（五）发展性

人类社会在自身发展的过程中，也创造和发展了风险。例如，建立核电站带来了核污染风险；鳞次栉比的高楼带来了高空坠物风险；经济的高速发展使得人们的工作压力增加，从而带来亚健康风险；全球化导致病毒在全球范围内的传播更为容易，像新型冠状病毒等都成为新的人身风险，威胁人类的生存安全。人身风险的发展性是人寿与健康保险发展的客观基础，促使保险公司开发新的产品来满足市场对新风险的保障需求，最终促使人寿与健康保险业持续发展。

第二节　人身风险的分类

按照不同的划分标准，我们可以将人身风险分为不同的类别。从人身风险管理的角度来看，个人面临的风险主要有以下三类：

一、生命风险

生命风险是指和人的寿命相关的风险，包括死亡风险和生存风险。

（一）死亡风险

人总有一死，此处所指的死亡风险是指早逝带来的风险。死亡本身并不会给死者带来损失，但是由于死者承担着许多未了的责任，如赡养父母、抚养子女、偿还房贷等，家庭其他成员依赖其收入生存，导致在其死亡后将面临家庭收入中断而带来的各种风险。早逝通常带来两方面的损失：一是死者生前所获收入的终止；二是死亡本身产生的费用支出，包括丧葬费用、偿还死者生前的债务、遗产税等。因此，这就产生了对早逝风险进行保障的保险需求。

早期的人寿保险就是以保障死亡风险的死亡保险为主，目的就是补偿防范早逝者给家庭和经济单位带来的经济损失，通过事先的保险安排，尽最大可能将这种损失降到最低。

（二）生存风险

人的衰老和死亡都是一种自然规律，如果说死亡风险是一种“死得太早”的风险，那么生存风险就是一种“活得太长”的风险。在中国的传统文化中，长寿属于一种福气。但是，随着现代社会的发展，长寿正成为一种现代人的风险，涉及老有所养的问题。在任何一个国家，达到国家法定的退休年龄人们就要退休。退休给个人带来的经济影响主要表现在两个方面：一是个人在退休时没有积蓄，负担不了家庭和个人的生活；二是个人在退休时没有足够的积蓄维持余生。对个人来讲，长寿意味着可以享受更多的晚年生活，但是年轻时的积蓄往往不足以覆盖更长时间的开支，并且长寿会带来很多医疗费用的开支。目前，我国的养老金体系还不完善、社会养老保险制度还不健全，养老主要还是以家庭养老为主要形式。但是，由于过去计划生育政策的开展和人们观念的转变，人口出生率持续下降，家庭规模越来越小，父母靠子女养老，会使子女面临很大的经济负担，尤其是在发达城市，高额的医疗费用和生活成本更加重了子女的负担。因此，在面临长寿的好处的同时，老人也面临着长寿的风险，并且这种风险是全社会的系统风险。2021 年第七次全国人口普查数据显示，2020 年，我国 65 岁人口占比达到 13.5%。在“十四五”期间，这个数字将达到 14%，我国将进入深度人口老龄化社会，全社会面临的生存风险将会日益突出，养老保险为这类风险提供有力保障。

二、健康风险

健康风险是指和人的身体相关的风险，包括疾病风险和残疾风险。无论是哪种健康风险，对家庭和个人带来的经济影响都表现在两个方面：一是额外费用的增加，即由于疾病和残疾带来的医疗费用、护理费用、康复费用等支出；二是收入的减少或终止，即由于疾病或残疾造成个人丧失工作能力导致劳动收入减少或终止。

（一）疾病风险

疾病风险既包括患病的风险，也包括生育和意外伤害等导致的风险。疾病风险具有普遍性，任何人都无法避免，如新型冠状病毒的感染者，不分年龄、性别、人种、国籍和地位，都有可能感染。疾病风险具有复杂性，尽管人类已知了许多疾病的发病机理，掌握了治疗方案，但仍有许多未知疾病、潜在疾病以及由于环境污染、生活方式、心理因素和社会因素导致的疾病难以识别和防范。疾病风险危害严重，破坏力强，不仅影响人的生命健康，造成暂时或永久丧失劳动能力，甚至有生命威胁。

国家卫生健康委员会网站数据显示，1978—2020 年，我国卫生总费用从 110.21 亿元增长到 72 306.4 亿元，人均卫生总费用从 20.43 元增长到 20 055.3 元。42 年间。我国卫生总费用增长了约 655 倍。与此同时，我国的人均可支配收入从 1978 年的 171.21 元，增长到 2020 年的 32 189 元，人均可支配收入增长了约 188 倍。由此可见，单纯依靠个人和家庭的力量来抵御疾病风险是远远不够的，而保险是一种非常有效的风险转移手段。以 2020 年新型冠状病毒感染疫情为例，2020 年我国保险业完成相关保险赔付金额总计超过 5 亿元，极大缓解了患者本人和家庭的经济负担。

（二）残疾风险

残疾风险是指由于疾病或意外事故导致的人体机体损伤、组织器官缺损或出现功能障碍等的可能性。从某种意义上来说，残疾是一种“经济上的死亡”，因为残疾对家庭和个人造成的财务负担甚至可能比死亡更加严重，除了导致收入终止外，还会带来各项费用的增加。如果残疾者是家庭唯一的经济来源者，那么整个家庭将陷入经济困境。

三、失业风险

失业风险是指由于经济形势变化导致的非自愿失去工作使得家庭主要收入来源者收入终止或暂时终止的风险。失业给家庭的经济造成一定的影响，但影响程度要低于疾病风险和残疾风险。因为失业风险不会导致高额的费用支出，可以通过继续教育或职业培训实现再就业。失业风险由社会保险提供保障，商业性的人身保险不承担这种风险。

第三节　人身风险管理

一、人身风险管理的定义

风险管理是指经济单位通过对风险的识别、衡量和分析，以最小的成本取得最大安全保障的管理方法。风险管理作为一门学科的发展历史并不长，于 20 世纪 60 年代正式确立。风险管理最早在制造业运用，后来逐渐扩展到政府、其他类型企业、家庭和个人。

人身风险管理的对象是人身风险，即通过运用风险管理理论和技术措施，对威胁人的寿命和身体的各项风险加以管理，实现以最小的成本获得最大的安全保障。

虽然人身风险具有客观性，每一个人都会面临诸如疾病、死亡等风险，但人身风险管理的管理活动和个人对待风险的态度、财富水平、收入、年龄、受教育程度、婚姻状况等因素相关。以个人对待风险的态度为例，根据人们对待风险的态度不同，人们可以分为风险偏好者、风险中立者和风险厌恶者。风险偏好者通常对风险的承受能力较高，甚至会主动承担风险；风险厌恶者相对比较保守，对待风险十分谨慎，风险承受能力较弱，不愿意承担风险；风险中立者对待风险的态度则介于上述两者之间。

二、人身风险管理的目标

人身风险的发生除了会带来额外费用的增加和收入的减少或终止以外，还有可能由于个人及家庭财务状况的恶化导致相关的家属蒙受重大精神创伤。众多的人身风险事故造成的悲剧表明，如果在风险发生之前没有做好风险管理，那么个人、家庭甚至经济单位遭受的人身风险带来的损失往往无法估量。进行人身风险管理的目标就是要以最小的经济成本，实现个人、家庭以及经济单位人身风险保障的利益最大化。具体来说，人身风险管理的目标包括风险发生前的目标和风险发生后的目标。

（一）风险发生前的目标

风险发生前的目标主要有以下几个方面：

1. 节约风险管理成本

在风险发生前，人身风险管理通过对比不同的风险管理技术、管理计划，进行全面的财务分析，严格核算各项成本和费用，以最合理的处置方式，把损失控制的费用降到最低，努力实现最大的安全保障。

2. 风险预防

人身风险管理通过开展健康教育、采取各种健康管理的预防措施，减少风险事故发生的可能性，降低事故发生后带来的各种损失。

3. 减轻心理负担

潜在的风险会使得个人产生精神和心理上的负担，从而降低工作效率，甚至引发心理疾病。人身风险管理要减轻个人心理负担。

（二）风险发生后的目标

1. 维持生存

这是风险发生后人身风险管理最重要的目标之一，即通过采取一系列的措施使得个人由于遭受风险导致的损失能尽快得到赔付，以维持基本的生存。

2. 降低损失

损失发生后，风险管理的目标应该是能及时获得保险的补偿，降低个人和家庭的经济损失，弥补由于风险事故发生带来的经济损失。

3. 维护稳定

风险事故的发生可能会导致个人和家庭陷入严重的财务危机，甚至家庭破裂。对于那些私营企业主而言，其还有可能因为个人遭受的人身风险导致企业财务受损，威胁到企业的经营。人身风险管理通过有效的风险管理，能起到维护稳定的作用。

三、人身风险管理的程序

明确了风险管理的目标之后，人身风险管理就要对风险实施管理，具体包括以下几个步骤，周而复始，不断循环。

（一）风险识别

风险识别是风险管理的第一步，具体包括风险感知和风险分析两个步骤。个人主要面临着生命风险、健康风险和失业风险，人身风险管理必须从这三类风险入手，重点识别和分析风险发生的可能性，并根据风险发生的概率和损失进行排序。需要注意的是，本书研究的是商业性人寿与健康保险，因此失业风险不属于本书的讨论范围。

识别个人的风险，需要考虑个人健康、家庭状况、资产、负债等因素，具体可以从以下几个方面考虑：个人的健康状况、年龄；家族遗传病史；收入状况；负债状况，是否有贷款；需要抚养的孩子个数及年龄；父母是否健在，是否需要赡养；已有的商业保险保障情况；是否参加了社会保险；是否享有员工福利计划，等等。

为了能准确地掌握风险源，进行个人风险管理必须充分且全面地了解上述信息。

（二）风险衡量

这一步骤主要是对识别出的风险进行进一步的分析，测算出风险发生的频率和损失幅度这两个指标，并且结合其他因素考虑，分析风险的影响，对风险状况进行综合评价。风险衡量通常需要根据风险的缓急程度进行分析，进而对风险大小进行判断。例如，对于一个刚贷款买房的新生儿父亲而言，早逝带来的损失会导致家庭陷入严重的经济危机，因此对他来说，他首先需要考虑的就是人身意外伤害保障和死亡保障。

（三）选择风险管理技术

在风险识别与风险衡量的基础上，根据风险管理目标选择风险管理技术，是风险管理中最为重要的环节。人身风险管理的技术分为控制型和财务型两大类。

1. 控制型人身风险管理技术

控制型人身风险管理技术主要包括风险预防、风险回避、风险隔离、风险抑制等方式，目的是降低损失发生频率和减小损失幅度，重点在于改变风险事故和扩大损失的各种条件。例如，随着风险意识和健康意识的增强，人们越来越意识到健康的重要性。在现代社会，很多人会有意识地通过养成良好的生活习惯、作息习惯、饮食习惯，加强体育锻炼，定期体检来维护身体健康，降低患病率，减少死亡和健康风险。这就是一种风险预防。

2. 财务型人身风险管理技术

财务型人身风险管理技术是通过事先的财务安排将损失成本在一定时间内进行分摊。财务型人身风险管理技术主要有风险自留和转移。转移又包括保险转移和非保险转移。保险转移是处理人身风险最传统、最有效的风险管理手段。

（1）风险自留。风险自留是通过个人积蓄、投资以及家庭成员和朋友之间互帮互助来抵御风险带来的损失。风险自留有主动和被动之分，选择这种风险管理技术的优势在于成本低、处理方便，适用于损失幅度小、损失频率低的人身风险。但是，其局限性也是显而易见的，一旦风险带来的损失超出了风险自留的能力范围，就会因财务上调度的困难而无法实现其管理风险的目的。

（2）保险转移。保险转移是指事先通过缴纳少量的、固定的保险费，把未知的、较大的人身风险转嫁给保险公司的一种风险转移方式。保险转移包括商业性人身保险和社会保险两种。

① 商业性人身保险。商业性人身保险是投保险人通过缴纳保险费，将人身风险转嫁给保险公司，在约定的风险事故发生时，保险公司将按照保险合同的约定赔付保险金的一种风险管理技术。随着保险技术越来越成熟、保险经营越来越完善、保险产品越来越丰富、保险服务质量越来越高，商业性人身保险已经成为管理人身风险最主要的技术手段。

② 社会保险。社会保险是应对年老退休风险、医疗风险、生育风险、工伤风险和失业风险的一种强制性风险管理技术，对稳定社会秩序、安定人民生活、提高社会福利水平起到积极作用，不以营利为目的。但是，这种风险管理技术的缺陷在于保障程度不高、保障范围不广，只能提供基本的经济保障。

（四）风险管理的实施及效果评价

在选择了恰当的风险管理技术的基础上，人身风险管理需要实施风险管理决策及评价风险管理效果。实施风险管理决策就是要将风险管理的各个方面予以贯彻执行。个人如果做出购买保险转移风险的决策，就需要选择合适的保险产品、保险公司、考虑缴纳保险费的可持续性、购买保险的额度等。

风险管理效果评价的依据在于能否实现预期的风险管理目标，也就是能否以最小的成本获得最大的安全保障。

重要术语

人身风险　生命风险　死亡风险　生存风险　健康风险　疾病风险　残疾风险

复习思考题

1. 什么是人身风险？人身风险具有哪些特点？
2. 为什么人身保险不承担精神损失？
3. 如何认识各种人身风险？
4. 人身风险管理的目标是什么？
5. 人身风险的管理技术有哪些？

第二章　人身保险概述

学习目标

1. 掌握人身保险的定义与特点
2. 了解人身保险与财产保险、储蓄以及社会保险的差异
3. 掌握人身保险的分类
4. 了解人身保险的起源与发展

第一节　人身保险的定义和特征

一、人身保险的定义

依据不同标准，保险可以被划分为不同的类别。在我国保险行业实践活动中，人们习惯依据保险标的的不同，将保险划分为人身保险（经济活动的主体）和财产保险（经济活动的客体）。人身保险是人类社会发展进步过程中创造出来的，对人身风险进行应对和控制的有效工具。

人身保险是指以人的寿命和身体为保险标的的保险①。其基本内容包括，人身保险的

① 详见《中华人民共和国保险法》第十二条。

投保人按照保单的约定，向保险人缴纳保险费（简称“保费”），当被保险人在保险期间内发生死亡、伤残、疾病等保险事故或达到人身保险合同约定的年龄、期限时，保险人依照合同约定向被保险人或受益人给付保险金的保险业务。

从人身保险的定义可以看出，一方面，人身保险的保险标的是人的寿命和身体。作为保险标的时，寿命有生存和死亡两种状态，而身体则包含机体的完整性和功能性等方面。另一方面，人身保险的保险责任不仅包括人们在日常生活中可能遭受的意外伤害、疾病、衰老、死亡等各种不幸事故，而且包括与保险人约定的生存期满等事件，即包括生、老、病、死、伤、残等各个方面。

二、人身保险的特征

虽然保险的目标是将具有同质性风险的个体聚集起来，通过缴纳保险费的方式，获取在风险发生时按合同规定得到补偿的权力，但是保险标的的不同，使人身保险相对于财产保险而言，具有较为显著的特征。

（一）标的价值存在不可估性，保险金额确定方法特殊

相对于有形的财产及其有关利益，人的寿命和身体难以用货币来进行衡量。例如，在火灾保险（简称“火险”）中，保险标的是存放在固定场所并处于相对静止状态的财产物资，往往包括土地、房屋、机器、设备等，这些物品的价值比较容易通过货币进行衡量。而 A 和 B 两个人相比，其生命的货币价值往往难以衡量。因此，人寿与健康保险的保险金额不是以保险标的的价值来确定的，而是根据被保险人对保险的需求程度和投保人的缴费能力以及保险人的可承受能力来确定的。人身保险（健康保险中的一部分险别除外）只能按照保险合同规定的保险金额支付保险金，不能有所增减，也不能像财产保险那样根据事故发生时财产损失的实际程度支付保险赔款。

为了量化人身保险的保险金额，学者们提出了两种不同的思路：第一种思路是从收入的角度，根据当前收入水平，并综合考虑收入增长、通货膨胀等因素，对个人一生的工作收入进行预测，并以此作为保险金额的依据。第二种思路是从需求的角度，以人身风险发生后，家庭继续保持原有生活水平需要的金额作为保险金额的依据。具体来看，保险金额确定方法包括生命价值法、收入置换法和需要法三种。

1. 生命价值法

1924 年，美国宾夕法尼亚大学教授休布纳（S. S. Huebner）提出了生命价值理论。该理论在一定程度上给出了对个人生命进行价值衡量的方法，成为人身保险的经济学基础。他认为，通过工作年限、预期未来平均收入和支出、恰当的贴现率选择，可以计算得到一

个人预期净收入的资本价值，即一个人的生命价值。要精确估计一个人的生命价值非常复杂，一种简单的方法是：首先，估计某人工作预期寿命期间的年平均收入，从年平均收入中扣除税收、保险费和本人的生活费用，其余金额可供受抚养人使用；其次，确定该人生活到退休年龄的年数；最后，使用一个合理的贴现率计算家庭在上述时期内分享收入的现值。

2. 收入置换法

收入置换法类似于生命价值法，是根据家庭需求、收入确定保险金额，同时考虑到社会保险和通货膨胀因素。保险金额按家庭年收入的倍数表示。例如，收入置换法给不同的年龄段分配不同的最高保险金额。

3. 需要法

需要法是根据假如被保险人死亡后家庭的各种需要来确定保险金额。家庭需要包括子女的生活费用和教育费用、偿还债务、医疗费和丧葬费等。按照需要法确定的人寿保险金额一般是用来满足家庭因为被保险人死亡或伤残而引起的需要。

在现实生活中，人身保险金额主要是根据投保人的实际需要和缴纳保险费的能力确定的。另外，在一些人身保险产品中存在没有确定的最高给付限额，而只规定保险人在一定时期内定期给付保险金数额的情况，如养老保险。受益人通常在约定的领取期开始后，一旦领取保险金直到被保险人死亡，其领取期限和最终领取金额都是不确定的。

（二）大多数人身保险是定额给付性保险

一般来说，补偿性原则是保险的基本原则。例如，在财产保险中，保险赔偿的目标是弥补被保险人由于保险标的遭受损失而失去的经济利益。这一目标暗含被保险人遭受的损失是可以用货币衡量的。然而，由于人身风险的特殊性，即身体和健康难以通过货币准确测量，因此除健康保险中部分险别外，大多数人身保险的保险金遵循定额给付原则。即事前保险人与投保人或被保险人约定，并在保险合同中载明保险给付金额。在被保险人遭受保险责任范围内的保险事故时，保险人只能按照保险合同规定的保险金额支付保险金，不能有所增减，也不能像财产保险那样根据事故发生时财产损失的实际程度支付保险赔款。另外，人身保险的给付不实行比例分摊，不实行代位追偿原则（医疗保险除外）等损失补偿原则，也表明人身保险的保险金给付为约定给付。

（三）人身保险利益的特殊性

人身保险的保险利益是以人与人的关系来确定的，不是以人与物或责任的关系来确定的。具体来讲，投保人对自己的寿命或身体具有保险利益，投保人对有亲属血缘关系的人一般具有保险利益，投保人对与其有经济利益关系（如雇主与员工、债权人与债务人）且同意作为被保险人的人具有保险利益。在人身保险中，保险利益只是订立保险合同的前提条件，而不是维持合同有效或给付保险金的条件。由于人的生命和价值是无价的，人身保险的保险利益在理论上没有保险金额的限制，没有量的规定。

（四）保险期间较长

由于来自寿命和身体的风险是贯穿个人一生的长期风险，随之产生的对人寿命和身体的保障需求是长期的，因此实践中人寿与健康保险合同以长期为主。在成熟的保险市场中，90%以上的人寿保险业务都是超过一年期的长期险。因此，国外通常把人寿保险称为长期性保险。此外，人身保险的缴费期和领取期也长达几十年。当然，人身保险中也有短期性险种，如人身意外伤害保险。

（五）人寿保险的储蓄性

作为人身保险中的一个重要险种，人寿保险在为被保险人提供风险保障的同时，兼有储蓄性的特点。这主要是由于人寿保险的保险费可以分为风险保险费和储蓄保险费两部分。风险保险费是根据每年被保险人的自然死亡率计算出来的用以进行死亡给付的费用。按照精算原则，这部分费用正好用以支付对保单所有人的赔款，应该没有剩余。储蓄保险费是逐年纯保险费与风险保险费的差额加上资金运用收益的累积值，并以责任准备金的形式存在。储蓄保险费相当于被保险人在保险公司的存款，属于被保险人的权益。如果投保人中途退保，保险公司必须将累积储蓄保险费以退保金的方式返还给保单持有人。在实行年度均衡的条件下，被保险人早期缴纳的保险费多于应缴的保险费，多出来的部分实际上是他们的储蓄存款，用来弥补保险后期所缴保险费的不足。

三、人身保险与财产保险、储蓄以及社会保险的比较

（一）人身保险与财产保险的比较

根据保险标的的不同，保险可分为财产保险和人身保险两大类。作为保险，两者都是对不幸事件给人们造成的损失给予经济赔付。但是，人身保险与财产保险相比较具有一定的特殊性，主要表现在以下几个方面：

1. 保险标的不同

人身保险的保险标的是人的寿命与身体，而财产保险的保险标的是法人或自然人拥有的财产及其有关利益。人身保险的标的是无法用货币来计价的，被保险人在遭到人身损害时只能通过保险受益，而不可能得到充分补偿（医疗费用是一个例外，因为医疗费用是有客观计价标准的）；财产保险的保险标的均有客观而具体的价值标准，可以用货币来衡量其价值。

2. 保险费率制定因素不同

人身保险的保险费率与死亡率、年龄等有关，同时必须考虑利率水平和投资收益水平；财产保险的保险费率高低是根据保险对象面临的各种风险的大小及损失率的高低来确定的。因此，在保险经营实务中，保险费率的厘定是否适当至关重要。在人身保险中，费率取决于保险人对经验生命表、利率水平、投资收益率的推算是否准确；在财产保险中，费率取决于保险人对各种风险事故的预测是否与各种风险事故的实际发生的概率和损害程度相一致。

3. 风险管理不同

在风险管理方面，人身保险的保险标的是人的寿命和身体，并且大多数遵循定额给付原则。由于每个自然人的投保金额可以控制，保险金额相对较小，因此人身保险对保险人的业务经营及财务稳定一般构不成威胁，无须以再保险人为接受业务的条件。财产保险主要强调对物质及有关利益的管理，保险对象的危险集中，保险人通常要采用分保或再保险的方式来进一步分散风险。

就人身保险与财产保险整个业务经营过程而言，人身保险公司的风险往往来自投资风险，投资的失败通常导致公司的失败；财产保险公司的风险往往直接来自保险风险，直接业务的风险决定着财产保险公司的财务状况。因此，人身保险公司更注重对投资环节的风险控制，而财产保险公司特别强调对承保环节的风险控制。此外，在承保风险的选择和控制方面，人身保险与财产保险也存在着差异。

4. 保险合同的性质不同

人身保险合同是定额给付合同。人身保险事故的损失无法准确地确定金额（除医疗费外），保险人给付的保险金不一定是对损失的补偿，保险金需按合同的约定给付，不能考虑是否超过实际损失。财产保险合同是补偿性合同，其补偿性在于保险人的赔款是对损失的补偿，赔款额受到损失补偿原则的限制。

5. 被保险方获偿权益不同

当保险事件发生以后，人身保险的被保险人或受益人依法受益，除医疗保险不允许重复给付和赔偿外，并不限制被保险人或受益人获得多份合法的赔偿金，不存在重复保险需要进行分摊给付保险金的问题，也不存在第三者致被保险人伤残、死亡而向第三者代位追偿的问题。财产保险讲求损失补偿原则，强调保险人必然按照保险合同履行赔偿义务，同时不允许被保险人通过保险获得额外利益，从而不仅适用权益转让原则，而且还适用重复保险分摊和损余折抵赔款等原则。

6. 保险责任期限不同

除意外伤害保险和短期健康保险外，大多数人身保险的保险责任期限较长，可长达十几年、几十年甚至人的一生。财产保险的保险责任期限除工程保险和出口信用保险外，多为短期（一年及一年以内）。

（二）人身保险与储蓄的比较

从资金的流动方式来看，人身保险和储蓄具有某种相似性，即都具有“为了某些目的，先截留部分资金，以待将来使用”的特征。虽然人身保险中的人寿保险具有更加明显的储蓄性特征，但与传统的银行储蓄相比还是存在较大的差异。这种差异主要体现在以下几方面：

1. 保险是互救，储蓄是自救

从资金转移行为的目的来看，保险是互救，而储蓄更多的是自救。人身保险具有互助性，即属于一种互助行为。人身保险的目的是聚合风险，分摊损失，因此从社会层面来说，人身保险既构建了人与人之间横向的风险分散网络（如医疗保险），又构建了个人一生纵向的风险分散网络（如人寿保险）。从社会发展的角度来说，人身保险能够互助共济；而储蓄则是单独的、个人的行为，不具有互助性，只具备人身保险的纵向风险分散功能。因此，相对于个人储蓄决策，保险决策、保险制度更加受到公共部门的关注。

2. 资金的使用权和所有权转移不同

为获得更高的保障水平，投保人往往会失去“截留”资金的使用权和所有权。由于人身保险不但要解决个人一生纵向的风险分散，同时要兼顾个人与个人之间横向的风险分散功能，因此“截留”的资金（以保险费的形式存在），必须交由一个固定的“中间人”（保险机构）进行管理和规划，即资金的使用权和所有权（部分）实现了转移。这往往是由于机构比个人拥有更多的市场信息，同时更为专业，容易整合更大范围内的资金以实现较高保障水平的目标（如更专业的投资、更准确的风险精算等）。这部分“截留”的资金，只有在被保险人或受益人符合保险条件的事故发生并造成经济损失或人身伤亡后，才能以保险赔偿或领取保险金的形式予以“返还”，最终完成资金流动的循环。储蓄存款的所有权归储蓄者所有，储蓄者可以任意提取使用，随着积存时间的推移，获取本金和利息。由于储蓄的这部分资金所有权和使用权未曾改变，因此储蓄者存储多少资金、什么时间需要、需要多少，都不遵循特殊方法或规定。

3. 给付均等原则不同

人身保险的给付不是建立在个别的均等关系上。例如，只要在保险合同有效期内发生保险事故，被保险人或受益人就可以获得保险金，而这时投保人可能只缴纳了很少的保险费，甚至有的刚缴纳了一次保险费。给付均等原则在保险中的体现，更重要的是加总的保费与加总的风险可能性（经济赔偿）之间的均等，具体表现为保险机构的收支平衡。储蓄的给付则是严格地建立在个别均等关系上，即储蓄者可以利用的金额是以存款为限额的。

（三）人身保险与社会保险的比较

人身保险与社会保险有许多相似之处，从目的来看，两者都是为了实现风险的分散、消费的平滑和社会的安定；从技术来看，两者都需要使用大数法则、概率论等技术工具。但两者仍然存在较大的差异。

1. 目的不同

社会保险的目的是通过保险制度的设计，实现社会安全稳定的目标。因此，社会保险更注重社会效益，不以营利为目的。人身保险经营的主要目的是获取利润。

2. 经营主体不同

人身保险的经营主体必须是商业保险公司，遵循等价有偿的商业原则。社会保险带有行政特色，一般由政府举办，是以社会安定为目的的非营利性保险。

3. 行为依据不同

人身保险是依合同实施的民事行为，保险关系的建立是以保险合同的形式体现的，保险双方当事人享受的权利和履行的义务也是以保险合同为依据的。社会保险则是依法实施的政府行为，享受社会保险的保障是宪法赋予公民或劳动者的一项基本权利。为保证这一权利的实现，国家必须出台社会保险的法规强制实施。

4. 实施方式不同

人身保险合同的订立必须贯彻平等互利、协商一致、自愿订立的原则，除少数险种外，大多数险种在法律上没有强制实施的规定。社会保险具有强制实施的特点，凡是社会保险法律规定范围内的社会成员，必须一律参加，而且国家相关部门对无故拒缴或迟缴保险费的要征收滞纳金，甚至追究法律责任。

5. 适用原则不同

人身保险是以合同体现双方当事人关系的，双方的权利和义务是对等的。保险人是否承担赔偿和给付保险金的责任完全取决于投保人是否按照合同规定缴纳保险费以及缴纳的数额多少。也就是多投多保，少投少保，不投不保。因此，人身保险强调的是“个人公平”原则。社会保险因其与政府的社会经济目标相联系，以贯彻国家的社会政策和劳动政策为宗旨，强调的是“社会公平”原则，投保人的缴费水平与保障水平的联系并不紧密。为了体现政府的职责，不管投保人缴费多少，给付标准原则上是统一的，甚至有些人可以免缴保险费，但同样能获得社会保险的保障。

6. 功能不同

由于社会保险的首要目标是维护社会稳定，因此其公益性、普及性和法律强制性等特征使得社会保险只能“保基本”，即只能保障社会成员的基本需求。人身保险的作用是在保险金额限度内对保险事故所致损害进行保险金的给付。这一目标可以满足人们一生中生活消费的各个层次的需要，即生存、安全与发展都可以通过购买人身保险得到保障。

7. 保险费来源不同

社会保险由于具有公共产品的特征，因此保险费不仅来自私人部门（个人、企业），还来自公共部门（政府）。至于各方的负担比例，则因项目不同、经济承担能力不同而各异。人身保险是典型的私人产品，其购买费用（保险费）来自个人。缴纳保险费是人身保险投保人应尽的基本义务，而且保险费不仅构成了死亡、伤残、疾病等保险金，还包括了保险人的营业与管理费用。

虽然社会保险和人身保险有诸多不同之处，但它们也相互联系、互为补充。社会保险提供基本保障，人身保险则提供超过基本需求的多样化、多维度的保障，两者相互配合，共同发展。

第二节　人身保险的分类

对众多的人身保险险种，如何进行科学的分类，理论界没有统一的原则和标准。事实上，人身保险险种的分类，在不同的场合、根据不同的要求，可以有不同的分类方法。目前，较为常用的几种分类方法如下：

一、按照保障范围分类

按照保障范围分类，人身保险可以分为人寿保险、人身意外伤害保险和健康保险。这是人身保险最常见、最基本的分类方式。

（一）人寿保险

人寿保险是以被保险人的寿命为保险标的，以被保险人的生存或死亡作为保险事故（给付保险金条件）的一种人身保险业务。在人身保险市场上，人寿保险占全部人身保险业务的绝大部分，是最主要、最基本的人身保险业务类型。

（二）人身意外伤害保险

人身意外伤害保险是以被保险人的身体为保险标的，保险人对被保险人因遭受意外伤害事故造成的死亡或伤残给付保险金的人身保险。投保人身意外伤害保险不必进行体检，保险期间也较短，一般为一年，短的可以是几天或几小时，如航空旅客意外伤害保险等。

（三）健康保险

健康保险是指保险人为被保险人因意外伤害或疾病引起的住院、医疗费用开支及因此不能工作造成的收入损失提供补偿的一种人身保险。通常，健康保险承保的责任范围主要包括两类：一类是直接费用，即由于疾病或意外事故产生的医疗费用；另一类是间接费用，即由疾病或意外事故导致的收入损失。

二、按照投保方式分类

按照投保方式分类，人身保险可以分为个人人身保险、联生保险、团体人身保险。

（一）个人人身保险

个人人身保险是以个人或家庭为保险对象的保险，一张保险单（简称“保单”）只为一个人提供保险保障。在寿险公司的日常经营中最常见的就是个人人身保险。

（二）联生保险

联生保险是指将存在一定利害关系的两个或两个以上的人（如父母、夫妻、子女、兄弟姐妹或合作者等）作为联合被保险人同时进行投保的一类保险。在联生保险中，如果第一个被保险人死亡，那么保险金将支付给其他生存的人；如果保险期间无一人死亡，保险金则支付给所有联合被保险人或其指定的受益人。

（三）团体人身保险

团体人身保险是以一张总的保单为某一团体单位的所有成员或其中的大多数成员（一般要求至少为总人数的 75%）提供保障的保险。团体人身保险的业务对象是一个团体，可细分为团体人寿保险、团体年金保险等。由于存在规模效益，团体人身保险的管理费用相对较低，其费率通常低于个人人身保险的费率。

三、按照被保险人的风险程度分类

按照被保险人的风险程度分类，人身保险可以分为标准体保险和非标准体保险。

（一）标准体保险

标准体保险是指对身体、职业、道德等方面没有明显缺陷的被保险人，保险人按照制定的标准或正常的费率来承保的保险。

（二）非标准体保险

非标准体保险是指不能用标准体或正常费率来承保的保险。其通常用保额削减法、年龄增加法和附加保险费法来承保。

四、按照保单能否分红分类

按照保单能否分红分类，人身保险可以分为分红保险和非分红保险。

（一）分红保险

分红保险最早是相互人寿保险公司提供的保险产品。投保人购买分红保险后不仅可以获得保险保障，而且可以获得保险公司的经营利润。分红保险的费率通常高于不分红保险的费率，多出来的部分可以理解为享受保险公司经营利润所付出的相应成本。

（二）非分红保险

非分红保险是指不能给投保方带来红利的人寿保险。投保人购买不分红保险只能获得保险保障。

五、按照保险期间分类

按照保险期间分类，人身保险可以分为短期业务人身保险、一年期业务人身保险和长期业务人身保险。

（一）短期业务人身保险

短期业务是保险期间不足一年的人身保险业务，主要指意外伤害保险或短期健康保险，也有一年期以下的定期寿险业务。

（二）一年期业务人身保险

一年期业务是保险期间为一年的人身保险业务，主要指意外伤害保险、短期健康保险业务，一般定期寿险也有一年期业务。

（三）长期业务人身保险

长期业务是保险期间超过一年的人寿保险和长期健康保险业务。

第三节　人身保险的功能和作用

一、人身保险的功能

现代保险具有经济保障、资金融通和社会管理三项功能。经济保障是保险最基本的功能，是保险区别于其他金融产品的最根本特征。资金融通功能是在经济保障功能基础上发展起来的，是保险金融属性的具体体现，也是实现社会管理功能的重要手段。正是由于具有资金融通功能，才使保险成为社会保障体系的重要力量。现代保险的社会管理功能是保险业发展到一定程度，并深入社会生活的诸多领域之后产生的一项重要功能。社会管理功能的发挥，在许多方面都离不开经济保障和资金融通功能的实现。同时，保险的社会管理功能的逐步实现，将为经济保障和资金融通功能的发挥提供更加广阔的空间。

（一）经济保障功能

保险最基本的功能是通过分散风险、分摊损失，为个人、家庭和企业提供经济上的保障。个人一生中可能面临的人身风险主要来自两个方面：生命风险和健康风险。其中，生命风险包括一个人过早死亡或生存时间太长。过早死亡一般伴随着一笔不菲的医疗支出以及家庭丧失部分或全部经济来源的困境。生存时间太长则可能导致大额的护理费、医疗费以及超出预期的生活费支出。健康风险主要来自疾病或突发因素对身体健康、劳动能力和效率的破坏，最终导致收入的间断、降低，甚至是失去收入。人身保险的被保险人在遭遇以上困境时能够对应地获得养老金、医疗金、护理金或伤残金等利益，而受益人及家属则可以获得身故金。人身保险从经济的角度分摊了整个社会的经济损失，为个人、家庭和企业提供了经济保障。

（二）资金融通功能

保险资金的融通是指保险资金的聚集、运用和分配等经营活动。这种资金融通功能在寿险中表现最为突出。寿险的保险人通过收取保险费的方式完成保险资金的筹集工作。然而，与其他保险不同的是，寿险因为保险金从筹集到给付之间的时间较长，面临着来自宏观经济波动的影响（如通货膨胀、利率变化等）更大。在寿险资金管理时间长与增值压力大的双重影响下，积极运用寿险资金进行投资活动成为保险人的必然选择。同时，这一选择也为我国的资本市场提供了长期、稳定的资金来源，推动了金融市场的繁荣发展。

（三）社会管理功能

一般来讲，社会管理是指对整个社会及其各个环节进行调节和控制的过程，目的在于正常发挥各系统、各部门、各环节的功能，从而实现社会关系和谐、整个社会良性运行和有效管理。保险的社会管理功能不同于国家对社会的直接管理，而是通过保险内在的特性，促进经济社会的协调以及社会各领域的正常运转和有序发展。保险的社会管理功能是在保险业逐步发展成熟并在社会发展中的地位不断提高之后衍生出来的一项功能。比如说，人身保险作为社会保障体系的重要组成部分，可以为社会成员提供多层次的风险保障，可以成为中长期资本市场的重要资金来源，可以增强全社会生命健康意识等。

二、人身保险的作用

（一）解除个人和家庭对人身风险的忧虑

人类对安全保障有共同的追求。在现实生活中，人身风险的存在影响着个人和家庭正常的生活秩序，使人们产生不同程度的忧虑和恐惧。人身保险的出现帮助个人和家庭分散了风险，提供了经济保障，解除了个人和家庭对人身风险的忧虑。

（二）促进社会的和谐稳定

在现代社会，人身保险同社会保险的相互补充成为社会稳定的基础。在西方发达国家，特别是在一些高福利国家，尽管有着形形色色的社会保险和社会救济，但是商业性人身保险仍然高度发达，人们普遍通过购买人身保险，获得较高的经济保障。尽管我国综合国力不断提升，人民生活水平也在不断提高，但我国毕竟还是发展中国家，社会财力有限，社会保险的保障程度比较低。人民日益增长的美好生活需要使得人身保险成为我国社会保险和社会救济之外的重要补充，可以较好地满足年老、疾病、伤残等引起的特殊经济需要。同时，因为人身保险多带有储蓄性，甚至部分人寿保险具有投资功能，因此发展人身保险还可以为人们提供新的家庭理财方式，便于投保人有计划地安排家庭生活，有利于培养人们的家庭责任感和社会责任感。

第四节　人身保险的发展简史

一、国外人身保险的发展历史

（一）人身保险的起源

1. 萌芽时期

萌芽时期的人身保险主要是指古代一些国家中某些类似人身保险的原始互助形式。例如，大约在公元前 3 100 年的古埃及，原始互助团体出现在建造金字塔的工匠中间。通过订立契约并交付一定数额的费用，团体成员及其家属在人身伤亡事故发生后可以得到一定数额的补偿。公元前 2 世纪的古罗马也出现过种种丧葬互助会。交付会费后，会员一旦死亡，互助会就负担焚尸的柴火费及建造坟墓的费用。古罗马的历史上还出现过一种士兵的互助团体，其成员交付相当高的会费后，如果调职，士兵会领到旅途费，服役期满还可以返还本金；如果成员死亡，团体会支付给其继承人一定的抚恤金。这些组织都是以互助的方式来分担困难，分担的内容有些就是现在人身保险的内容。这些组织的形式及其相互扶助的内容是人身保险的雏形，因此这个时期被称为人身保险的萌芽时期。

2. 发展时期

在出现以上的原始互助组织之后的很长一段历史时期内，人身保险没有得到显著的发展，直到第二次社会大分工，手工业从农业中分离出来，城市逐步出现后，人身保险才有了新的发展。在这个时期，人身保险的发展主要有以下几种形式：

（1）基尔特

与萌芽时期的互助团体类似，基尔特是相同职业者基于相互扶助的精神所组成的团体。13 世纪、14~16 世纪是基尔特在欧洲发展的全盛时期。行会是城市手工业者保障自身利益的行业内部组织。行会中的正式会员称为行东，行东之下有帮工和学徒。同一城市的同行手工业作坊主都必须加入各自的行会，欲从事某种行业的人也必须先加入某一行会。由商人们组成的行业组织叫基尔特，由其设立的学校称为基尔特学校。这些行会除按各自成立的目的进行活动以外，大都兼有互助的性质，由参与该组织的成员共同出资，扶助遭受不幸事故的会员，救济的范围包括死亡、疾病、伤残、衰老、贫困、火灾、房屋损坏、盗窃、丧失家畜等人身和财产损失事故，并且规定了若干非可保损失。德国早期的死亡合作社和英国的友谊社（友爱社）都是从基尔特发展而来的专门办理人身事故的互助组织。相对于萌芽期的互助团体，基尔特制度覆盖的人群和保障的内容都更广，产生的影响也从某一家族、职业向整个行业和社会扩展。

2. 蒙丹斯

蒙丹斯公债储金办法产生于 12 世纪的威尼斯。为了快速融资，在与拜占庭帝国的对峙中增强军事实力，1172 年，威尼斯政府向居民进行强制贷款，并向其承诺贷款还清前会一直有 5%的利息。在后续与拜占庭帝国的对战中，突发的瘟疫使得威尼斯不战而败，导致这笔贷款永远无法得到偿还。在随后的时间中，虽然债务永远不会被偿还，但国家继续为这次贷款支付利息，成为人类社会有史以来的第一笔政府债券。1262 年，威尼斯的债务在法律中被固定下来，并将之前所有债务合并为单一基金（蒙特维奇欧基金）。该基金规定除非政府在公开市场上回购，否则不能通过偿还本金来撤回贷款，即该债券成为一个永久性的金融资产。虽然最初发行的目的并非互助合作、分担风险，但是这种给付方式仍对后来的年金产生了很大影响。

3. 年金

早在古埃及和古希腊时期，年金就已经被人们熟知①。13 世纪，有关年金的记录出现在北欧的城市以及法国和比利时。16 世纪，年金支出成为低地国家②公共财政支出的重要组成部分。17 世纪中叶，荷兰的国家领袖甚至被称为“伟大的养老金领受者”。

年金是欧洲对人类文明的重要贡献之一。通过为一个人或一群人购买年金，家庭面临的人寿风险被转嫁给了国家，但是如何量化和计算国家面临的风险这一关键技术性问题，却并非年金诞生之初就得到了解决。17 世纪，荷兰的国家领袖约翰·德维特意识到，将年金按照同样的价格出售给老人和年轻人是不合理的，随之提出计算终身年金价值的关键是预期寿命的估计。在此之后，伯努利、莱布尼茨、棣莫弗、哈雷等学者都曾致力于年金价值的估计。

在 17~18 世纪的法国，除了年金还出现了一种复杂的养老金合同——唐提式养老金。同样出于为财政融资的目的，法国政府根据死亡率表设计了唐提式养老金价格，并以盐税和其他商品税为担保，支持唐提式养老金的支付。唐提式养老金的运行机制如下：假如一个家庭为年幼的女儿购买唐提式养老金合约，只要女儿活着，她每年能够领取一个固定金额。如果她不幸死亡，则这份收益的 1/4 归政府，剩下的 3/4 发放给与她同龄的存活者。如该群体成员全部死亡，养老金则停止给付。

除了基尔特、蒙丹斯和年金外，随着大航海时代的到来，作为海上保险的衍生品，还出现了针对奴隶贸易中的“商品”，即奴隶生命的保险。15 世纪，地理大发现揭开了海上贸易的序幕，奴隶贸易急剧发展，大规模贩卖黑人奴隶活动有组织地进行。但是，由于运输条件恶劣、食物及淡水匮乏，加之传染病侵袭、突发海难等原因，抵达目的地时，有近 1/3 的黑人奴隶不幸死在船上。当时的海上保险已经发展起来，很多欧洲的奴隶贩子都把黑人奴隶当成货物进行投保，从而产生了以人的生命或身体为保障标的的保险。因为船员同样面临着海难和传染病的威胁，后来不但黑人奴隶能投保，船员和船长也能投保。到 16 世纪，西方出现了针对旅客的人身保险，这是人身保险的雏形。

（二）现代人身保险的形成

工业革命推动了城市的发展，社会化大生产则使人类出现历史上从未有过的大规模聚集。早期的工业化和城市化使人身风险激增，进一步刺激了对人身保险的需求，从而也使

---

① 在古埃及及托勒密王朝时期，年金是婚姻合同的重要组成部分。

② 一般来说，低地国家指荷兰、比利时和卢森堡。它们具有较低的海拔，比如荷兰的部分领土低于海平面，更重要的是它们位于英、法、德之间，且处在莱茵河流域的入海口，独特的地理位置使得低地国家在全球政治经济发展中扮演着重要角色。

得人身保险的技术理论和实践在世界范围内得以迅速发展。

1. 技术理论层面

在现代人身保险形成以前，由于保险费的计算一直缺乏科学依据，保险的可持续性面临挑战，制约了人身保险业务的发展。因此，以人身保险精算技术为代表的人身保险技术理论的确立，使得人身保险发展进入可持续的快速发展通道。17 世纪中叶，英国数学家约翰·格兰特对各教区公布的死亡记录进行研究。1671 年，荷兰数学家和天文学家埃德蒙·哈雷依据德国布雷斯劳市（现波兰费罗茨瓦夫）的市民死亡统计为基础，编制了第一张生命表，精确标示了每个年龄的死亡率，提供了寿险计算的依据。此后的 18 世纪初，英国数学家托马斯·辛普森主张根据不同年龄分别计算人寿保险费。1746 年，德国的巴尔修以联合养老保险年金和寺院的记录为基础，出版了有关生命概率论的著作。

总体来说，生命表和生命年金理论的研究，为寿险精算技术的产生奠定了基础。此后，随着生命年表不断更新和完善，人身保险的技术理论基础得以奠定，并切实推动了人身保险实践活动的快速发展。

2. 保险实践层面

英国是现代人身保险的发源地。18 世纪，英国的互助团体运作模式从“所有成员保险费相同”到“限制 45 岁以上人群参加”①，到最终“分年龄确定保险费”模式②的转变。18 世纪末，英国出现了大量的人寿保险公司，如威斯敏斯特保险社（1792 年）、鹈鹕人寿保险公司（1797 年）、节俭人寿保险公司（1806 年）、太阳人寿保险公司（1810 年）。19 世纪中期被称为英国保险公司的“洪水时代”，大批保险公司的出现导致竞争的加剧，倒闭、破产、合并大量发生。值得注意的是，这一时期，保险公司的服务对象大多是贵族、地主等上层社会。直到 19 世纪中后期，以工人阶级为代表的低薪阶级才出现在人身保险公司的保单上。例如，简易人寿保险是由保险代理人上门收取保险费③，一旦被保险人死亡后保险公司立即给付一笔丧葬费用和维持家庭短期生活开支的保险金。这种保险模式在 19 世纪末期吸引了数以百万计的低薪阶级投保，并流传到其他国家。此外，铁路的发展使英国在 19 世纪中叶出现了人身意外伤害保险。19 世纪末，逐渐出现了对疾病和健康的保险。在整个 19 世纪，人身保险在英国国内的发展使其积累的了大量的保险管理经验，并促成了英国在 19 世纪后期开始大力拓展海外寿险市场。

① 早期的协和社只限定成员数量，后来由于老年人死亡率高导致年轻人退社现象的出现，部分协和社规定参加年龄必须低于 45 岁。

② 1756 年，46 岁的詹姆斯·道德森由于年龄问题被拒绝加入协和社，因此他根据哈雷编制的生命表计算了分年龄组的寿险保险费。该理论得到 1762 年成立的公平保险社的采纳。

③ 保险费需要按周缴纳，每一次金额都较小。

英国创立的人身保险制度在传入美国后得到了迅速发展。19 世纪初，科学计算保险费的人寿保险开始出现在美国，较英国晚了半个世纪。1809 年注册成立的宾夕法尼亚人寿和赠予年金保险公司是美国第一家商业性人寿保险公司。随着社会的发展和人口的增长，美国的保险行业高速发展。在市场规模扩大及竞争加剧的背景下，监管的松散致使保险行业乱象和丑闻大量爆出，引发了社会对保险公司的强烈不满。20 世纪初，为重拾行业信心，在监管机构督促下，美国开始了一场股份制保险公司向相互保险公司转化的热潮。与股份制保险公司不同，相互保险公司是具有同质性风险保障需求的投保人所共同拥有的保险组织（所有者与客户合一）①。与此同时，与雇员福利计划有关的团体人寿保险和年金保险的出现，进一步推动了美国人寿保险的发展，促使美国人身保险制度进一步成熟和完善。

日本自明治维新后从欧美引进了人身保险制度。1881 年，日本建立了以科学计算保险费为基础的明治生命保险公司。1900 年，日本实施了《保险业法》，进一步规范了保险行业的发展。1902 年，日本成立了第一家相互保险公司。第一次世界大战后，日本的人身保险迅速发展。1931 年，日本的人寿保险合同金额已占国民收入的 8%以上。二战期间，由于日本对人身保险实施强制保险，侵略战争的伤亡加上通货膨胀导致二战后的日本人寿保险业面临崩溃。二战后，随着日本经济的恢复和保险行业制度的规范，日本成为二战后人身保险发展速度最快的国家。

二、我国人身保险的产生与发展

（一）中华人民共和国成立前的人身保险

虽然我国很早就产生了养老恤贫、互助共济的思想，民间也曾长期流传着互助组织②，但我国长期以自然经济为主，人们习惯于依靠家庭成员、家族和亲友之间的帮助、储蓄和借贷应付人身风险，再加上生产力水平低下、经济落后，因此我国始终未能形成人身保险制度。

我国近代人身保险制度是由国外传入的。鸦片战争后，上海成为外国资产阶级的“冒险家乐园”、海外贸易的中心，人寿保险也就随着外国资本一起进入上海。1840 年，英国首先在上海开设了永福和大东方人寿保险公司，接着美国的友邦、联邦以及加拿大的永

① 相互保险公司的组织模式无疑强化了保单持有人的利益，然而缺乏股份制公司灵活的融资能力以及所有者和管理者分离导致相互保险公司的运营效率低下，因此在 20 世纪末 21 世纪初，一度出现“非相互化”浪潮。

② 明清时期，民间出现了宗亲福利会、长生会、长寿会、寿星会、葬亲会、父母轩等社会互保组织。当会员或族人死亡时，这些组织或者由会员自筹资金，或者用宗族祠堂部分公产，给予死者殡葬费用和遗属抚恤金。

明、永康、宏利等人寿保险公司也纷纷成立。

为了抵制外国资本家霸占中国市场，中国民族资产阶级也创设了自己的人寿保险公司。1899 年成立的永宁人寿保险公司是我国最早的自主经营的人寿保险公司。1918 年成立的华安合群保险公司是 1949 年之前规模最大、组织最健全的一家华商人寿保险公司。我国还陆续设立了其他一些人寿保险公司。1949 年之前，我国一直处于半封建半殖民地的落后状态，保险业务只限于少数大城市，参加的人数也非常有限。

（二）中华人民共和国成立后的人身保险

1. 改革开放前的人身保险

1949 年 10 月 20 日，经政府批准，中国人民保险公司在北京成立，并开始在全国范围内经营财产保险和人身保险业务。中国人民保险公司的成立，是中华人民共和国保险业发展迈出的第一步，从此揭开了中国保险事业的新篇章。

中华人民共和国成立后的人身保险主要作为职工的福利来开办。《中华人民共和国劳动保险条例》的出台，让人身保险能够为没有实施劳动保险的单位的职工提供经济保障，对已经实施劳动保险的单位则作为一种职工福利的补充。20 世纪 50 年代以来，我国人身保险发展的时间线索如下：1949 年，中国人民保险公司在华东地区办理职工团体人身保险，之后在其他地区也分别开办了船员团体人身保险、渔工团体人身保险和建筑工人意外伤害保险。为了保障旅客及其家属的经济利益，中国人民保险公司根据政务院公布的铁路、轮船和飞机三种旅客意外伤害强制保险条例，于 1951 年 7 月 1 日起办理旅客强制保险。随后，各地保险公司还根据地方公布的地方性公路旅客意外伤害强制保险办法，陆续举办地方性的公路旅客强制保险。1950 年 9 月，我国开始在几个大城市办理个人寿险中的两全保险和终身保险，但限于当时的条件，参加的人数不多。1951 年，中国人民保险公司开始办理简易人身保险。由于收费少、投保手续比较简便，简易人身保险曾在一些地区得到稳步发展。1956—1958 年，有约 50 万人参加了简易人身保险。

1958 年，我国掀起了以人民公社运动为代表的限制和取消商品生产的高潮，基于“公有制内部不存在商品货币关系”的理论，公有化后，保险的作用已经消失。1958 年 12 月，全国财政会议正式决定，立即停办国内保险业务。自此以后，直到改革开放前，刚刚起步的人身保险全面停办。

2. 改革开放后的人身保险

从 20 世纪 70 年代末开始，人身保险业务逐渐恢复。1978 年，党的十一届三中全会明确提出了社会主义经济是有计划的商品经济，为保险业的恢复奠定了理论基础。1979 年 4 月，国务院批准《中国人民银行分行行长会议纪要》，明确提出“逐步恢复国内保险业务”。1979 年 11 月 19 日，全国保险工作会议在北京召开，停办 20 多年的国内保险业务开始复业。1980 年，我国恢复了中国人民保险公司。1982 年 3 月的全国保险工作会议决定，在有条件的地区开办一年期职工团体人身保险和人身意外伤害保险，并在上海试办简易人身保险、集体企业职工和个体户的养老年金保险。1985 年，国务院发布《保险企业管理暂行条例》，对保险企业的设立、偿付能力和保险准备金等做出了规定，推动了主体多元化发展。1988 年，全国第一家股份制保险公司——平安保险公司在深圳成立；1991 年，交通银行保险部组建中国太平洋保险公司，中国人民保险公司独家垄断的市场格局逐渐被打破，整个保险行业焕发出前所未有的活力。

改革开放促进了人身保险的专业化发展。虽然我国在 1982 年恢复了人身保险业务，但是长期以来处于产险和寿险混业经营模式以及银行和保险业混业经营状态。混业经营不仅导致整个行业缺乏对人身保险的重视，人身保险发展相对缓慢。还导致人身保险资金缺少必要的防火墙，使保险资金，特别是寿险资金存在被挪用的风险。1995 年首次颁布的《中华人民共和国保险法》明确了分业经营的改革思路。随后，中保人寿保险有限公司（中国人寿的前身）从中国人民保险公司独立，太平洋保险实现产险、寿险分业。1997 年，人身保险费首次超过财产保险费，并在之后继续快速增长。根据中国银保监会发布的人身保险公司与财产保险公司经营情况统计信息计算，2019 年 1~6 月人身保险费收入约为财产保险费收入的 2. 8 倍。

改革开放健全了人身保险销售服务体系。1992 年，友邦保险上海分公司把个人代理模式引入中国，彻底改变了以往仅通过团险和门店的销售模式，激发了市场需求。1994—1999 年，个人代理模式逐渐在平安保险、中保寿险、中国人寿和太平洋保险中开启并成为第一大营销渠道。1996 年，平安保险与农业银行签订代理保险业务协议，开启了银保业务的探索。2000 年，平安人寿推出两全分红保险业务。2002 年，银保业务全面超越团险直销业务，与个人代理并列成为行业发展的两大引擎。然而，值得注意的是，1996 年 5 月，中国人民银行 8 次降息，一年期存款利率从 10. 98%降至 1. 98%，导致寿险行业出现巨额“利差损”①。2007 年，电话销售模式在保险市场出现。随后，网络销售模式也逐渐铺开。总之，人身保险业务销售体系极大地变得专业化、智能化。

不仅如此，改革开放以来，我国的人身保险行业在费率机制、产品体系以及现代企业

---

① 利差损是指保险合同约定的回报超出保险资金的投资收益。一般来说，银行存款利率水平是确定寿险回报的关键影响指标。造成 20 世纪末到 21 世纪初寿险“利差损”的原因主要包括：第一，预定利率偏高。面对中国人民银行大幅降息的步伐，保险公司内部步调不一致，导致反应时间过长，大量“超高”回报保险借机大卖；第二，受制于投资渠道和投资结构不合理，实际投资收益偏低。

制度方面都实现了长足的进步。改革开放 40 多年来，我国人身保险业不断学习创新，逐渐在关键环节建立了自己的核心竞争力。近年来，我国人身保险业甚至在信息技术和保险科技运用方面领先世界。

重要术语

人身保险　人寿保险　人身意外伤害保险　健康保险　人身保险的基本功能

复习思考题

1. 简述人身保险的定义与人身保险的特征。
2. 简述人寿与健康保险的作用。
3. 简述人寿与健康保险的类别。

第三章　人身保险合同

学习目标

1. 掌握人身保险合同的概念与特征
2. 掌握人身保险合同的主体
3. 了解人身保险合同的基本原则
4. 了解人身保险合同的订立、变更和终止
5. 掌握人身保险合同常见的条款

第一节　人身保险合同概述

一、人身保险合同的概念与法律特征

（一）人身保险合同的概念

人身保险合同是保险合同中的一种，是以人的寿命和身体为保险标的的保险合同。人身保险合同作为保险各方法律关系的凭证，是规范保险行为、确定权利和义务的直接法律依据。人身保险活动的全过程，实际上就是各方订立、履行人身保险合同的过程。

（二）人身保险合同的法律特征

人身保险合同作为投保人与保险人约定保险权利和义务关系的协议，适用《中华人民

共和国保险法》《中华人民共和国民法典》等的有关规定。人身保险合同是保险合同的一种，它具有保险合同的一般特征。除此之外，由于人身保险合同保险标的的特殊性，人身保险合同还呈现以下一些特殊的法律特征。

1. 人身保险合同的一般特征

（1）人身保险合同是最大诚信合同。由于信息的分布具有典型的不对称性，因此在人身保险合同中，对保险双方当事人的诚信要求远远高于其他经济合同。《中华人民共和国保险法》明确规定从事保险活动必须遵守最大诚信的原则。因此，最大诚信原则成为订立人身保险合同必须遵守的基本原则。

（2）人身保险合同是要式合同。要式合同是指采用特定形式订立的合同。根据《中华人民共和国保险法》的规定，保险合同的订立应当采用书面形式。这种书面形式既可以详细记载双方当事人的权利和义务，有利于合同的履行，同时又对人身保险合同的成立起到证明作用。尽管随着承保技术的进步，保险人允许电话投保和网络投保，但最终还是要以出立保单作为保险关系成立和有效的证明。

（3）人身保险合同是有偿合同。有偿合同是指订立合同的双方当事人在享有权利的同时必须承担义务的合同。订立人身保险合同是双方当事人有偿的法律行为。一方要享有合同的权利，就必须对另一方付出一定的代价，这种相互报偿的关系，称为对价。投保人与保险人的对价是相互的。投保人的对价是支付保险费，保险人的对价是承担保险责任范围内的风险，但这种对价并不意味着保险人对投保人付出对等的代价，即确定要给付保险金或赔偿损失。只是当承保的风险发生时，保险人才对投保人的实际损失承担赔付的义务。

（4）人身保险合同是双务合同。双务合同是指合同当事人双方相互享有权利，同时也承担义务的合同。人身保险合同的保险人享有收取保险费的权利，同时承担约定事故发生时给付保险金或补偿被保险人实际损失的义务；人身保险的投保人在承担支付保险费义务的同时，被保险人在保险事故发生时依据人身保险合同享有请求保险人赔付保险金的权利。

（5）人身保险合同是附和性合同（特殊保险合同除外）。附和性合同又称格式合同，是指合同的条款事先由当事人的一方拟定，另一方只有接受或不接受该条款的选择，不能就该条款进行修改或变更的合同。人身保险合同是附和性合同，事先由保险人拟订好合同条款，经监管部门审批。投保方不参与保险合同的拟定，投保时只是附和保险合同的内容。投保方即使需要变更某项内容，也只能采纳保险人事先准备的附加条款。不过，随着保险市场竞争的激烈化，保险客户也部分地获得了与保险人平等协商人身保险合同内容的权利。尤其是在团体人身保险合同中，保险客户甚至可以根据投保团体独特的风险，进行临时协商、订立无既定格式的团体人身保险合同。

（6）人身保险合同是射幸性合同。所谓射幸性，是指合同订立后产生的效果在订立合同时无法确定。保险合同是典型的射幸合同，合同履行的结果建立在保险事故是否发生的基础之上。假如在合同有效期内保险标的因保险责任事故发生损失，被保险人从保险人那里得到的赔偿金额可能远远超出其支付的保险费；反之，被保险人只付出了保险费而得不到任何补偿。

2. 人身保险合同的特殊特征

（1）大多数人身保险合同具有定额给付性。在人身保险中，由于保险标的是人的寿命和身体，其价值难以衡量，因此保险金额不以保险标的的价值来确定，而是依据被保险人对保险的需求程度、投保人的缴费能力和保险人的承保能力来确定。另外，在一些保险中还存在不确定的最高给付限额，只规定保险人在一定时期内定期给付保险金的情况，如养老金保险。在定额保险中，当发生保险事故时，保险人按照合同约定的保险金额承担保险给付责任，而不能有所增减。人身保险的给付不实行比例分摊，不实行代位追偿（健康保险中的医疗保险除外），都表明了人身保险的保险金给付为约定给付。

（2）人身保险合同的保险利益以投保人与被保险人之间的关系来确定。人身保险的保险利益与财产保险不同，是以人与人之间的关系来确定，而不是以人与物或责任的关系来确定。具体而言，投保人对自己的寿命或身体具有保险利益，投保人对有血缘关系的人一般具有保险利益，投保人对与其有经济利益关系且对方同意作为被保险人的人具有保险利益。

（3）人身保险合同的保险期间较长。人身保险合同特别是人寿保险合同往往是长期合同，保险期间从数年、数十年到一个人的一生。人身保险的缴费期和领取期限也可以长达几十年，与保险险种和被保险人的年龄及投保人的选择有关。保险期间的长期性使人身保险的经营受到利率、通货膨胀、预测因素偏差等外界因素的影响。近年来，各国保险公司开发了许多创新型人身保险产品，这些产品具有较强的储蓄性和投资性，可以减少长期性人身保险合同受到不利因素的影响。

二、人身保险合同的基本原则

人身保险业务在长期的发展过程中逐步形成了几个基本原则，为各国保险法所共同认可并遵守。各国人身保险的实践证明，坚持这些基本原则有利于维护保险双方的合法权益，更好地履行人身保险的职能和发挥人身保险的作用，促进人身保险的健康稳定发展，有利于保障人们的正常生活和社会的安定。

（一）保险利益原则

1. 保险利益原则的含义及意义

《中华人民共和国保险法》第十二条规定，人身保险的投保人在保险合同订立时，对被保险人应当具有保险利益。保险利益是指投保人或者被保险人对保险标的具有的法律上承认的利益。保险利益的构成必须符合下列条件：必须为法律所认可的利益、必须是经济上的利益、必须是确定的利益。确立保险利益原则有三个方面的意义，即可以有效防止赌博、减少道德风险、限制保险的赔偿金额。保险合同的订立必须以保险标的具有保险利益为要件，否则保险合同无效。对于人身保险合同而言，坚持保险利益原则可以在相当程度上排除投保人可能进行的赌博、投机或谋财害命行为，保护被保险人的人身安全。

2. 人身保险合同保险利益的确认原则

人身保险的保险利益一般是法律直接规定的，体现为人与人之间的特殊关系，如亲属关系、抚养关系、信赖关系等。人身保险的保险利益不能用金钱来衡量，不存在代位追偿问题。这一点与财产保险合同的保险利益有较大的区别。财产保险的保险利益是可以用金钱衡量的利益，被保险人不得因保险事故的发生而获得双重利益，保险人赔偿保险金后，在赔偿金额范围内可以代位行使被保险人对第三者请求赔偿的权利。

各国保险立法关于人身保险利益的规定有共同之处，即投保人对自己具有保险利益，但当投保人为他人投保时的保险利益的确认，采取了不同的原则和方法，总体上可以分为利益原则、同意原则以及利益和同意兼顾原则。

（1）利益原则。利益原则是指投保人以他人为被保险人订立人身保险合同是否具有保险利益，以投保人和被保险人之间是否存在金钱上的利害关系或其他利害关系为判断标准。英国、美国的法律规定，保险利益以对第三人的生命有金钱上的利益者为限。比利时、荷兰、葡萄牙的法律规定，投保人对被保险人的生死不存在金钱、爱情及其他利益者，订立的合同将不产生法律效力。

（2）同意原则。同意原则是指投保人以他人为被保险人订立人身保险合同是否具有保险利益，不论投保人和被保险人之间有无利害关系，均以取得被保险人的同意为判断标准。德国、瑞士、奥地利、法国、瑞典等国均以被保险人的同意为条件确认保险利益。

（3）利益和同意兼顾原则。利益和同意兼顾原则是指投保人以他人为被保险人订立人身保险合同是否具有保险利益，或者以投保人和被保险人之间是否存在金钱上的利害关系或其他利害关系，或者以取得被保险人的同意为判断标准。投保人和被保险人之间存在金钱的利害关系或其他利害关系的，投保人对被保险人具有保险利益；投保人和被保险人之间不存在金钱上的利害关系或其他利害关系，但被保险人同意投保人为其订立保险合同的，视为具有保险利益。

《中华人民共和国保险法》采取利益和同意兼顾原则。根据《中华人民共和国保险法》第三十一条的规定，投保人对下列人员具有保险利益：本人；配偶、子女、父母；前项以外与投保人有抚养、赡养或者扶养关系的家庭其他成员、近亲属；与投保人有劳动关系的劳动者；其他被保险人同意投保人为其订立保险合同的，视为投保人对其具有保险利益。

3. 人身保险合同保险利益的时间效力

对于人身保险合同而言，保险利益必须在合同成立时存在，否则订立的合同无效。在人身保险合同效力持续时间内和发生保险事故时，保险利益是否存在对合同的效力没有影响。例如，夫妻一方作为投保人为另一方投保，在保险期间双方离婚，离婚后保险利益虽然已经不存在，但已经订立的保险合同并不因失去保险利益而失效。不过，在人身保险合同订立后，当投保人对被保险人的保险利益不存在时，被保险人应主动提出变更投保人或受益人。一般来说，变更后的投保人要对被保险人具有保险利益。

（二）最大诚信原则

1. 最大诚信原则的含义

人身保险合同是一种经济合同，同时又具有自身的特殊性，当事人一方（保险人）对另一方（投保人）的情况无法全面掌握，只能根据投保人的陈述来决定是否承保和如何承保。投保人陈述完整、准确，对保险人承保意义重大，为了保护保险人的利益，保险人必须要求投保人或被保险人履行最大诚信原则。由于保险合同是格式合同，尤其是保险条款比较复杂，由保险人单方面拟定，具有较多的专业技术性要求，比如人寿保险中现金价值的确定，缺乏专业知识的投保人或被保险人很难充分了解和掌握其内涵，因此保险人要从最大诚信原则出发，准确、全面地解释保险条款，全面履行保险合同的责任和义务。最大诚信原则适用于当事人双方，任何一方的隐瞒或欺诈行为都可能导致合同的失效或在法律诉讼中置其自身于不利处境。

最大诚信原则的基本内容有告知、保证、弃权与禁止反言。违反最大诚信原则的处理分为对告知的违反及处理和对违反保证的处理。

2. 最大诚信原则的内容

（1）告知。告知又称重要事项的申报，是在签订保险合同前，投保人、保险人彼此所做的口头的或书面的申报和陈述。告知必须真实。如果保险合同一方误告或捏造事实而采取欺诈手段引诱另一方订立保险合同，一旦被发现，另一方有权拒绝履行合同，如果因此而发生经济损失，还可要求欺诈者予以赔偿。投保人对重要信息保持沉默或故意不予告知的法律影响与误告相同，保险人有权解除保险合同。根据《中华人民共和国保险法》的规定，保险人也应当向投保人说明保险合同的条款内容，保险合同中规定有关保险人责任免除条款的，在订立保险合同时，保险人应当向投保人明确说明，未明确说明的，该条款不产生效力。

（2）保证。从保险的角度而言，保证是保险合同双方关于保证做或保证不做某事，或者保证某种事态存在或不存在的承诺。保证可以分为明示保证和默示保证。

明示保证是以条款形式在合同内载明的保证，这种条款一般作为保险合同的一部分，合同双方都必须遵守，否则保险合同无效；默示保证虽然在保单上没有文字记载，但从习惯上或社会公认的角度看，当事人应该保证做某种行为或不做某种行为。默示保证与明示保证一样，被保险人也必须遵守，如有违背或破坏，保险合同无效。

重要事实申报和保证都是最大诚信原则的内容，但两者有一定的区别。前者申报的是对事的陈述，只要如实反映便算履行了义务，而且申报的内容是可以撤回或更正的；后者则要求事实绝对正确，要求实际事实与保证中的事实完全一致，一旦违反，不管违反保证的事实对风险是否重要，保险人即可主张保单无效。

（3）弃权与禁止反言。弃权是指保险合同当事人一方放弃其在合同中可以主张的某种权利；禁止反言又称为禁止抗辩，是指合同一方既已放弃其在合同中的某项权利（弃权），日后不得再向另一方主张这种权利。这一规定在保险实践中主要是用来约束保险人的。

（三）损失补偿原则

损失补偿原则是指当保险标的发生保险责任范围内的损失时，通过保险赔偿，使被保险人恢复到受损前的经济状况，但其不能因购买了保险而获得额外利益。损失补偿原则是保险发展的基本原则，它直接体现了保险的经济补偿职能。损失补偿原则主要适用于财产保险合同。基于人身保险合同的保险标的是人的寿命和身体，不能用货币来衡量保险标的的价值，因此除个别情况外，人身保险合同一般都属于定额给付性合同，不适用保险的四大基本原则中的损失补偿原则。但是，人身保险中健康保险和人身意外伤害保险中涉及医疗费用等具有补偿性质的部分仍然适用损失补偿原则。

（四）近因原则

近因原则是保险理赔过程中必须遵守的原则。近因是指在风险和损害之间，导致损失结果的最有效、起决定作用的原因，而不是指在时间上或空间上最接近的原因。近因原则是指在风险与保险标的的损害关系中，如果近因属于承保风险，保险人应负赔偿责任；如果近因属于除外风险或未保风险，则保险人不负赔偿责任。运用这一原则的目的是保障保险人的利益，限制保险人的赔偿范围，使保险人对损失近因不属于责任范围内的不负赔偿责任。在实务中，引起保险事故发生的原因有时十分复杂，要具体问题具体分析，近因原则在运用过程中也会因情况的复杂而引起争执或纠纷，这就要求当事人各方实事求是，协商解决。

三、人身保险合同的分类

依据不同的标准，人身保险合同可以进行多种划分，主要有以下几种分类：

（一）以保障范围为标准划分

1. 人寿保险合同

人寿保险合同是以人的寿命为保险标的保险合同，承保的可以是生存或死亡，也可以同时承保生死责任。寿险合同的典型种类是定期寿险、生存保险、两全寿险和终身寿险。年金保险是人寿保险的特殊形式。目前，国际寿险市场倍受欢迎的投资连结保险、万能寿险、变额万能寿险等新型寿险产品，都是寿险产品创新的结果。

2. 人身意外伤害保险合同

人身意外伤害保险合同是以被保险人因遭受意外伤害事故造成的死亡、伤残、医疗费用、暂时或永久丧失劳动能力为给付保险金条件的人身保险合同。

3. 健康保险合同

健康保险合同是以因健康原因导致损失为给付保险金条件的人身保险。它是以人的身体为保障对象，以被保险人在保险期内因患病、生育所致医疗费用支出和工作能力丧失、收入减少以及因疾病、生育致残或死亡为保险事故的人身保险合同。

（二）以投保方式为标准划分

1. 个人人身保险合同

个人人身保险合同是为满足个人的保险需求而投保的，以个人为保险对象的保险合同。在人身保险合同中，个人人身保险合同较多。

2. 联合人身保险合同

联合人身保险合同是指将存在一定利害关系的两个或两个以上的人（如父母、夫妻、子女、兄弟姐妹或合作者等）作为联合被保险人同时进行投保的一类保险合同。

3. 团体人身保险合同，

团体人身保险合同是以依法设立的法人或组织为投保人，一张总的保单为该团体单位的所有成员或其中的大多数成员（一般要求至少为总人数的 75%）提供保障的人身保险合同。

（三）以保险期间为标准划分

1. 长期人身保险合同

保险期间在一年以上的人身保险合同称为长期人身保险合同。大多数人寿保险和部分健康保险属于长期人身保险合同。

2. 一年期人身保险合同

保险期间为一年的人身保险合同称为一年期人身保险合同。一部分人身意外伤害保险、定期保险属于一年期人身保险合同。

3. 短期人身保险合同

保险期间短于一年的人身保险合同称为短期人身保险合同。一些人身意外伤害保险、健康保险为短期人身保险合同。

（四）以险种的发展历史为标准划分

1. 传统型人身保险合同

传统型人身保险合同注重保险的保障功能或储蓄功能，通常不具有投资功能。这类人身保险合同的现金价值或保险金额通常都是确定的，一般在保险期内不能变动。

2. 创新型人身保险合同

创新型人身保险又称非传统型寿险或投资型人身保险，是指保险人为适应投保人新的保险需求、增强产品竞争力而开发的一系列创新型人身保险产品。投保人投保创新型人身保险产品和保险人签订的合同就是创新型人身保险合同。

第二节 人身保险合同的主体和客体

一、人身保险合同的主体

人身保险合同的主体是指与人身保险合同发生直接、间接关系的人（含法人或自然人），包括人身保险合同的当事人、关系人和辅助人。

（一）人身保险合同的当事人

人身保险合同的当事人是指直接参与确立保险法律关系、确定人身保险合同权利和义务的行为人，即参与订立人身保险合同的主体，包括保险人和投保人。

1. 保险人

人身保险保险人又称人身保险承保人，是人身保险合同当事人的一方。人身保险合同的保险人是指依法成立，在保险合同成立时，有权收取保险费，并于保险事故发生时，承担赔偿责任的人。《中华人民共和国保险法》第十条将保险人定义为："保险人是指与投保人订立保险合同，并按照合同约定承担赔偿或者给付保险金责任的保险公司。"

《中华人民共和国保险法》对保险公司的资格条件做了明确的规定。第一，保险人要具备法定资格。保险人常以各种经营组织形态出现，由于其特殊性，各国法律都对保险人从业的法律资格做出专门的规定。只有符合国家规定的条件并经政府批准的法人方可经营保险，成为保险人。若保险人不具有法律资格，那么所订立的合同无效。《中华人民共和国保险法》规定，保险人必须是依法成立的保险公司，并且要接受保险监督管理机构的监管。第二，保险人必须以自己的名义订立人身保险合同。作为一方当事人，保险人只有以自己的名义与投保人签订人身保险合同后才能成为人身保险合同的保险人，签订的人身保险合同才具有法律效力。第三，保险人必须依照保险合同承担保险责任。依照保险合同承担保险责任是保险人最基本的义务。

保险人依法承担的法律义务有保险合同条款的说明告知义务以及免责条款的明确说明义务；及时签发保单或保险凭证的义务；对投保人、被保险人变更人身保险合同的有关内容在保单上批注或出具批单的义务；合同解除后退还保险费或退还保单现金价值的义务；及时履行赔偿和给付保险金的义务；对投保人、被保险人和受益人的任何信息与涉及保险条款相关协定内容等的保密义务。其中，承担保险赔偿（或给付）的义务是保险人依照法律的规定和合同的约定承担的最重要、最基本的义务，也是保险人履行保险合同义务的具体体现。

2. 投保人

投保人又称要保人，是与保险人订立人身保险合同并依照保险合同承担缴纳保险费义务的人。《中华人民共和国保险法》第十条将投保人定义为："投保人是指与保险人订立保险合同，并按照合同约定负有支付保险费义务的人。"投保人可以是自然人，也可以是法人，作为重要的当事人必须具备以下条件：

（1）投保人必须有相应的权利能力和行为能力。签订人身保险合同是一项民事法律行为，要求当事人必须符合民事法律行为的主体资格要件。因此，投保人必须具有法律要求的相应的权利能力和行为能力。法人的权利能力和相应的行为能力在其成立时就一同具备，因此法人都能充当投保人。根据《中华人民共和国民法典》的规定，自然人享有平等的权利能力。按照年龄、智力状况的不同，自然人的民事行为能力分为无行为能力、限制民事行为能力、完全民事行为能力三种，无行为能力、未经法定代理人同意或追认的限制行为能力人签订的人身保险合同依法应认定为无效合同。

（2）投保人对保险标的必须具有保险利益。保险利益是投保人对保险标的具有的法律上承认的利益，是保险合同有效的必要条件。如果保险合同已经成立，而投保人对保险标的不具有保险利益，则该合同是无效合同。

（3）投保人具有缴纳保险费的义务。投保人只有履行了缴纳保险费的义务，才能成为法律意义上的投保人。如果投保人不按时缴纳保险费，保险人有权中止保险合同。

投保人作为保险合同的重要当事人之一有以下七项权利：保险合同的解除权、保险合同的变更权、受益人的指定和变更权、保险费支付方式选择权、中止的保险合同效力恢复权、申请保单贷款权、领取退还保险费及保单现金价值的权利。

（二）人身保险合同的关系人

人身保险合同的关系人是指与人身保险合同有经济利益关系的人，包括被保险人和受益人。

1. 被保险人

《中华人民共和国保险法》第十二条将被保险人定义为："被保险人是指其财产或者人身受保险合同保障，享有保险金请求权的人。"投保人可以为被保险人，被保险人与投保人两者既可以合二为一，也可以相分离。人身保险合同的被保险人，主要具有以下几个特征：

（1）人身保险合同中的被保险人必须是有生命的自然人，法人不能成为人身保险的被保险人。法律对人身保险合同的被保险人资格无其他限制，只要满足合同约定的年龄、健康状况、职业等条件的自然人都可以成为人身保险合同的被保险人。

（2）被保险人享有保险金请求权。保险金请求权是指被保险人因人身保险合同订立而享有的、在保险事故发生后可行使的要求保险人赔偿或给付保险金的权利。被保险人在发生保险事故后有权要求保险人赔偿，因此享有保险金请求权是被保险人成立的一个条件。

由于签订人身保险合同涉及被保险人的人身权利、经济利益，甚至有可能影响被保险人的人身安全，因此签订人身保险合同，当投保人与被保险人不是同一人时，必须经被保险人同意才能签订保险合同。《中华人民共和国保险法》第三十四条规定："以死亡为给付保险金条件的合同，未经被保险人同意并认可保险金额的，合同无效。按照以死亡为给付保险金条件的合同所签发的保险单，未经被保险人书面同意，不得转让或者质押。父母为其未成年子女投保的人身保险，不受本条第一款规定限制。"投保人不得为无民事行为能力人投保以死亡为给付保险金条件的人身保险，保险人也不得承保。父母为其未成年子女投保的人身保险，不受上述规定限制。但是，被保险人死亡给付的保险金总和不得超过国务院保险监督管理机构规定的限额。在以死亡为给付保险金条件的人身保险中，除被保险人的父母外，其他任何人都不能为无民事行为能力人投保以死亡为给付保险金条件的人身保险。父母为其投保，保险金额也要受到相应限制。

2. 受益人

受益人又称为保险金受领人。《中华人民共和国保险法》第十八条规定："受益人是指人身保险合同中由被保险人或者投保人指定的享有保险金请求权的人。投保人、被保险人可以为受益人。"受益人与投保人为同一人时，其也是合同当事人，否则是合同关系人。《中华人民共和国保险法》规定，人身保险的受益人由被保险人或投保人指定。投保人指定受益人时必须经被保险人同意。投保人为其有劳动关系的劳动者投保人身保险，不得指定被保险人及其近亲属以外的人为受益人。被保险人为无民事行为能力人或限制民事行为能力人的，可以由其监护人指定受益人。人身保险合同的受益人具有以下特点：

（1）人身保险合同的受益人并不一定是自然人。受益人不局限于自然人，法人机构和不具备法人性质的组织机构都可以成为人身保险的受益人，法律并没有关于人身保险中的受益人身份的限制，因此被保险人可以根据自己的意愿指定任何人或组织机构为受益人。胎儿也可以作为受益人，但当出生时是死体时，受益资格自然消灭。

（2）人身保险的受益人既可以是一人也可以是多人。被保险人或投保人可以指定一人或数人为受益人。当受益人为数人时，被保险人或投保人可以确定受益顺序和受益份额，未确定份额，受益人按照相等份额享受受益权。

（3）人身保险的受益人可以变更。被保险人或投保人可以变更受益人，变更后必须书面通知保险人。投保人变更受益人时必须经被保险人同意。被保险人指定和变更受益人必须在保险事故发生之前书面通知保险人，不能用遗嘱方法指定或变更受益人。

（4）受益人享有保险金请求权。受益人不承担缴纳保险费的义务，而单方面享受保险金请求权。保险金请求权是受益人依照保险合同享有的一项基本权利，这是一项期得权利。在保险事件发生前，受益权可能被撤销或丧失。受益权的撤销一般是因为受益人的变更，而受益权的丧失一般是由于受益人对被保险人的不法行为导致的，如受益人故意造成被保险人死亡、伤残、疾病的，或者故意杀害被保险人未遂的，该受益人丧失受益权。

当被保险人死亡后，受益人获得的保险金是根据保险合同取得的，不属于被保险人的遗产，不得纳入遗产分配及用于清偿被保险人生前债务。但是，若保险金由继承人以继承方式取得，则按遗产处理。被保险人生前未指定受益人，一般在下列三种情况下，保险金将被作为被保险人的遗产处理：第一，受益人先于被保险人死亡；第二，受益人依法丧失受益权；第三，受益人放弃受益权。在我国，此时保险金将按《中华人民共和国民法典》的规定分配。如果被保险人与受益人在一次保险事故中同时死亡，按照共同灾难条款的规定，受益人被认定先于被保险人死亡。

（三）人身保险合同的辅助人

人身保险合同的辅助人包括保险代理人、保险经纪人和保险公估人，他们不是人身保险合同的主体，只是在投保人、被保险人和保险人之间起到桥梁的作用。尽管各种辅助人对人身保险合同的订立和履行有一定影响，但他们却不能享有合同中的权利，也不承担合同中的义务。

1. 保险代理人

我国将保险代理人界定为根据保险人的委托，向保险人收取手续费，在保险人授权范围内代为办理保险业务的人。保险代理人可以是法人，也可以是自然人。

保险代理人从事的代理活动，是民事法律行为中的一种，具有民事代理的一般特征，即保险代理人在保险人的授权范围内，以保险人的名义进行代理活动。根据各国保险人的授权范围，保险代理人一般都是代销保单、代收保险费和代为查勘、理赔等。在法律上，保险代理人的活动被视为保险人的活动，保险代理人以保险人的名义从事授权范围内活动的后果，由保险人承担。在授权范围内，保险代理人有权进行独立的意思表示。

2. 保险经纪人

保险经纪人是基于投保人的利益，为投保人与保险人订立保险合同提供中介服务，并依法收取佣金的机构。保险经纪人可以是公司法人，如保险经纪公司，也可以是个人。根据《保险经纪人监管规定》的规定，我国的保险经纪人是指法人，包括保险经纪公司及其分支机构。在保险经纪人中，为投保人或被保险人拟订投保方案、办理投保手续、协助索赔的人员，或者为委托人提供防灾防损、风险评估、风险管理咨询服务，从事再保险经纪等业务的人员称为保险经纪从业人员。保险经纪人的佣金一般由保险公司支付。可见，保险经纪人有着特殊的市场地位——代表投保方的利益签订合同，而向保险人收取佣金。

3. 保险公估人

保险公估人又称保险公证人，是办理保险标的鉴定、查勘、估价、定损证明的人，一般都以法人形式存在。在日本，保险公估人称为公估行、公证行；在美国，保险公估人称为理算局。

在保险业的发展过程中，保险人与投保方之间常常因为投保时保险标的的风险状况及估价、损失金额、风险确认等事项发生争议和纠纷。由于这类纠纷的解决要求具有较强的专业性，因此一般公证部门往往难以胜任，于是专门办理上述事项证明的机构——保险公估人应运而生。保险公估人的存在对保护投保方的利益、维护保险公司的信誉、推动保险业的发展起到了重要的作用。

保险公估人作为保险市场的中介人，与保险代理人、保险经纪人相比，有极大的不同。第一，保险公估人占有独特的法律地位，保险公估人不代表保险关系中任何一方的利益，具有独立、公正、中立的地位，从事评估活动；第二，保险公估人可接受保险合同中任何一方的委托从事公证活动，并向委托方收取费用。

二、人身保险合同的客体

人身保险合同的客体是人身保险合同的重要组成要素。所谓合同的客体，是指合同权利和义务所指向的对象。人身保险合同的客体不是保险标的本身，而是投保人或被保险人对保险标的的保险利益。人身保险的保险利益依据投保人和被保险人之间的利益关系确定。人身保险以人的寿命和身体为保险标的，只有当投保人对被保险人的寿命或身体具有某种利益关系时，投保人才能够对被保险人具有保险利益。

在这里需要注意的是，保险标的是保险利益的载体，没有保险标的，保险利益就无从谈起。这主要是因为人身保险合同保障的不是保险标的本身的安全，而是保险标的遭受保险责任范围内的风险后造成的投保人或被保险人、受益人的经济损失。风险是客观存在的，人身保险合同的订立并不能保证保险标的不发生风险、不产生损失。当保险事故发生后，保险人依据合同，只能对保险标的的损失进行赔偿，而不可能赔付原有的保险标的。因此，人身保险合同中规定的权利和义务指向的对象，是投保人或被保险人对保险标的具有的保险利益。也就是说，人身保险合同的客体是保险利益。

第三节　人身保险合同的主要内容和形式

一、人身保险合同的主要内容

人身保险合同的内容是建立合同关系必备的要素之一。人身保险合同的内容通常由保险人与投保人依法订立，通过具体的保险条款来反映。因此，人身保险合同的内容也就是人身保险合同的条款。人身保险合同的内容由基本条款和特约条款构成。

（一）人身保险合同的基本条款

根据《中华人民共和国保险法》第十八条的规定，人身保险合同的基本条款应当包括下列事项：

1. 当事人和关系人

人身保险合同的当事人和关系人包括保险人、投保人、被保险人以及受益人。人身保险合同的当事人和关系人是人身保险合同约定的权利和义务的承担者。明确当事人和关系人，对人身保险保险合同准确、及时地履行具有十分重要的意义。人身保险合同必须要注明保险人、投保人、被保险人和受益人的名称和住所。有多个受益人的，人身保险合同需要确定受益顺序和份额。

2. 保险标的

保险标的是保险的对象，是保险利益的载体。人身保险的保险标的是被保险人的寿命和身体，因此人身保险合同中详细列明了被保险人的年龄、性别、身体健康状况、职业、家族病史、与投保人之间的亲属或利益关系，这些都是确定其风险程度和保险利益的重要依据。

3. 保险金额

保险金额是保险人在保险事故发生时应当承担的损失补偿或给付保险金的最高限额。人身保险的保险金额由投保人和保险人双方约定，投保人根据自己的保险需求和保险费的缴付能力来确定，既不能过高也不能过低，以防发生道德风险，或者保障不足。

4. 保险责任

保险责任和责任免除是人身保险合同中非常重要的内容。保险责任是指保险人按照保险合同的约定，当保险事故发生时，在保险合同约定的给付保险金条件具备时，应当承担的赔偿或给付保险金责任。保险人并不对保险标的的所有风险承担责任，而是仅对与投保人约定的特定风险承担责任。因此，人身保险合同需要约定保险责任范围，以确定保险人的责任，在责任范围之外的风险保险人均不负责。

保险责任是区别人身保险合同中各个具体险种最重要的标志，不同的险种，保险人承担的保险责任范围不同。在人身保险合同中，保险责任的具体约定都包含三个要素：事故原因、事故结果、给付标准。每一份人身保险合同中都有专门的保险责任条款。

5. 除外责任

除外责任又称责任免除，是指在保险合同中列明的在某些情形下保险人不予承担的有关保险责任。除外责任是保险合同中的限制性条款，在人身保险合同中需要约定保险人的除外责任。其目的在于：第一，排除过分集中与损失概率过大的风险；第二，排除道德风险因素；第三，维护公序良俗，抑制犯罪；第四，排除不良判定的保险事故；第五，预防严重的逆向选择；第六，协调其他有关险种的责任范围，避免责任冲突。

6. 保险费及其支付办法

保险费是投保人为取得保险保障，按合同约定向保险人支付的费用。缴纳保险费是投保人应尽的义务，也是合同生效的条件。保险费是人身保险基金的来源。投保人缴纳保险费的多少取决于保险金额、保险费率和保险期间。保险费的支付办法因人身保险合同种类的不同而不同，一般有趸缴、年缴和期缴三种方式。

7. 保险金给付办法

保险金给付是保险人的主要义务，人身保险应规定给付程序、给付方法、给付期限等。人身保险的保险金给付办法可以是一次性现金给付，也可以是按照固定期限或固定金额向受益人分期给付，还可以在保险公司留存保险金、定期向受益人给付利息。

保险人应当及时向被保险人或受益人支付保险金。《中华人民共和国保险法》第二十三条规定："保险人收到被保险人或者受益人的赔偿或者给付保险金的请求后，应当及时作出核定；情形复杂的，应当在三十日内作出核定，但合同另有约定的除外。保险人应当将核定结果通知被保险人或者受益人；对属于保险责任的，在与被保险人或者受益人达成赔偿或者给付保险金的协议后十日内，履行赔偿或者给付保险金义务。保险合同对赔偿或者给付保险金的期限有约定的，保险人应当按照约定履行赔偿或者给付保险金义务。"《中华人民共和国保险法》第二十六条规定："人寿保险以外的其他保险的被保险人或者受益人，向保险人请求赔偿或者给付保险金的诉讼时效期间为二年，自其知道或者应当知道保险事故发生之日起计算。人寿保险的被保险人或者受益人向保险人请求给付保险金的诉讼时效期间为五年，自其知道或者应当知道保险事故发生之日起计算。"

8. 保险期间和保险责任开始时间

保险期间是指人身保险合同的有效期限，即保险人承担保险责任的具体起止时间。

保险责任开始时间是指保险人承担保险责任的时间，由保险双方在保险合同中约定，通常以年、月、日表示。我国保险实务中以约定起保日的零点为保险责任开始时间。

9. 违约责任和争议处理

违约责任是指人身保险合同当事人违反合同约定的义务所应承担的法律后果。人身保险合同关系到当事人的利益，任何一方的违约都可能给对方造成损失。因此，各方必须在合同中明确违约责任。承担违约责任的方式也应该在合同中明确，主要是支付违约金和赔偿金。

争议处理是指人身保险合同发生纠纷后的解决方式，主要有协商、仲裁和诉讼三种。如果合同当事人选择仲裁方式时，其应当指明当事人提交仲裁的地点及仲裁机构。

在人身保险合同中，除上述内容外，还有一些需要声明的事项，如保险合同的中止、保险合同的解除、保险合同内容的变更、红利的领取方式、退保的处理等约定。这些约定成为人身保险合同履行过程中避免和处理纠纷所必不可少的依据。

（二）人身保险合同的特约条款

1. 附加条款

人身保险合同的附加条款是指双方当事人在保险合同基本条款的基础上另行约定的补充条款，其效力优于基本条款。

2. 保证条款

人身保险合同的保证条款是指投保人、被保险人就特定事项担保某种行为或事项的真实性条款。保证条款一般由法律规定，投保人、被保险人都必须遵守。

二、人身保险合同的形式

理论上，人身保险合同可以采用口头、书面或其他形式订立。但在实务中，为了便于当事人双方履行合同，特别是在保险事故发生时或达到保险合同约定的年龄和期限时为保险人承担保险责任和为被保险人、受益人索赔提供法律依据。同时也为了便于举证，人身保险合同一般采用书面形式。人身保险合同的书面形式主要有以下几种：

（一）投保单

人身保险合同的投保单是指保险人预先印制的，供投保人提出保险请求时使用的书面要约。投保单一般载明以下栏目供投保人填写：投保人和被保险人的名称、地址、业务性质，保险期间，保险范围，责任限额，等等。投保人必须如实填写投保单，否则将影响人身保险合同的效力。经保险人承诺后，投保单便成为保险合同的一部分，其真实与否直接影响保险合同的效力。

（二）体检报告书

体检报告书是由保险公司指定的医疗机构对被保险人的身体进行检查后出具的关于被保险人健康状况的书面证明。它是保险人决定是否承保和决定保险费率高低的依据，也是人身保险合同的重要组成部分。

（三）保单

保险单简称保单，是指保险人交付给投保人的，确立保险双方当事人权利和义务关系的正式书面凭证。保单是投保人与保险人履行权利和义务关系的依据，是最为重要的书面形式。保单形式可以是一张纸，也可以是一本册子。其结构通常包括三部分：承保表、保险条款、主险和附加险的现金价值表。承保表由保险人根据保单填写，其内容要与投保单上的有关内容一致。保险条款事先印在了保单上，完整地列明了双方当事人之间的权利和义务。有现金价值的保单还必须包括现金价值表。

（四）暂保单

暂保单是在出立正式保单或保险凭证之前出具的临时性保险凭证，通常只记载保单中的被保险人、保险金额、保险险种等重要事项以及保单以外的特别约定。暂保单在保单未签发前，与保单具有同样的法律效力，但其有效期较短，通常只有30天期限，并在正式保单签发时自动失效。

（五）保险凭证

保险凭证也是一种人身保险合同的书面形式，是一种简化了的保单，其法律效力与保单相同，只是内容较为简单，一般在特殊险种中采用。

（六）批单

批单是人身保险合同双方就保单内容进行修改和变更的证明文件，通常用于对已经印好的保单的内容做部分修改或对已经生效的保单的某些项目进行变更。批单一经签发就自动成为人身保险合同的组成部分。批单的法律效力优于保单，当批单内容与保单不一致时以批单内容为准。

第四节　人身保险合同的订立、履行和变更、终止和无效

一、人身保险合同的订立

人身保险合同的订立是投保人与保险人之间基于意思表示而进行的一种法律行为。《中华人民共和国保险法》第十一条规定：“订立保险合同，应当协商一致，遵循公平原则确定各方的权利和义务。除法律、行政法规规定必须保险的外，保险合同自愿订立。”

（一）人身保险合同的订立程序

人身保险合同的成立与一般民事合同一样，都需要经过要约和承诺两个阶段。

1. 要约

要约是指一方当事人向另一方当事人提出订立合同的建议或要求。发出要约的人称为要约人，接受要约的人则称为受约人。要约包括以下三项内容：

（1）有明确要求另一方订立合同的意思表示。

（2）有提出订立合同的具体内容。

（3）有要求另一方做出答复的期限。

大部分合同都是投保人和保险人之间的双边合同。从保险合同的订立程序来说，投保

是一种要约。发出要约的一方是投保人，接受要约的一方是保险人。要约可以在投保人和保险人之间往返数次。

2. 承诺

承诺是指受约人在收到要约后，对要约的全部内容表示同意并做出愿意订立合同的意思表示。承诺生效一般要具备以下条件：承诺必须由受约人，也就是保险人做出；承诺的内容应当与要约的内容完全一致；承诺必须在要约规定的期限内做出。

人身保险合同的承诺一般表现为保险人在收到投保要约，经过严格的审核后，确定完全同意投保人提出的保险要约的行为。

（二）人身保险合同的成立与生效

《中华人民共和国保险法》第十三条规定：“投保人提出保险要求，经保险人同意承保，保险合同成立。保险人应当及时向投保人签发保险单或者其他保险凭证。保险单或者其他保险凭证应当载明当事人双方约定的合同内容。当事人也可以约定采用其他书面形式载明合同内容。依法成立的保险合同，自成立时生效。投保人和保险人可以对合同的效力约定附条件或者附期限。”

应该注意的是，投保人是否缴纳保险费并不是合同成立的必要条件。也就是说，只要保险人做出同意承保的意思表示，则保险合同成立。人身保险合同成立后，保险人按照合同的约定，对被保险人开始承担保险责任，这称为人身保险合同的生效，也就是人身保险合同的条款产生法律效力。合同的成立与生效是两回事，成立不等于生效，已经成立的人身保险合同必须满足一定的条件才能生效。一般来说，人身保险合同的生效要求保险人出具保单、投保人缴纳首期保险费这两个条件同时成立。

（三）人身保险合同责任的开始

《中华人民共和国保险法》第十四条规定：“保险合同成立后，投保人按照约定交付保险费，保险人按照约定的时间开始承担保险责任。”人身保险合同生效的时间与保险责任开始的时间可以一致，也可以不一致。但是，人身保险合同条款均规定以投保人缴纳保险费作为保险合同生效和保险责任开始的前提条件。投保人不缴纳保险费，虽然人身保险合同成立，但是并不生效，保险责任也不开始。人身保险合同成立后尚未生效前发生保险事故，保险人不承担保险责任。

可见，人身保险合同订立、保险合同生效、保险责任开始之间的关系如下：一是保险合同订立之后不一定立即生效，《中华人民共和国保险法》明确规定，在人身保险合同中，分期支付保险费的，投保人应当于合同成立后支付首期保险费，否则保险合同不产生效力，可见保险合同的生效与否在于合同订立后是否缴纳了保险费。二是保险合同虽然生效，但是保险责任不一定开始，如有的健康保险合同规定保险合同生效后存在一定时间的观察期。三是即使已经进入保险责任期限，但投保人尚未履行交费义务（分期缴纳保险费的，超过宽限期仍未缴纳保险费），此时保险合同失去法律效力，如果发生保险事故，保险公司不负赔偿或给付保险金的责任。

二、人身保险合同的履行和变更

（一）人身保险合同的履行

人身保险合同的履行是指双方当事人全面完成合同约定义务的行为，也就是当事人之间义务的履行。履行主要包括投保人义务的履行、保险人义务的履行等。

人身保险合同是双务合同，合同一经成立，投保人与保险人都必须各自承担自己的义务，且人身保险合同中双方当事人的权利和义务是对应的，只有一方履行义务，另一方才得以享受权利。

1. 投保方义务的履行

（1）投保方告知义务的履行。投保人填写投保申请书的过程，也就是履行告知义务的过程。投保人应遵循最大诚信原则，将保险标的的有关重要事项告知保险人，如实填写投保单，否则将影响到投保方在合同中的权益。

告知义务是投保人单方面的声明义务。告知义务人一般是投保人，告知的范围应是足以影响或变更保险人对风险估计的事项。当投保人违反告知义务，保险人因投保人违反告知义务而解除合同时，是否退还已缴纳的保险费取决于投保人是否故意不履行如实告知义务。《中华人民共和国保险法》第十六条明确规定："订立保险合同，保险人就保险标的或者被保险人的有关情况提出询问的，投保人应当如实告知。投保人故意或者因重大过失未履行前款规定的如实告知义务，足以影响保险人决定是否同意承保或者提高保险费率的，保险人有权解除合同。前款规定的合同解除权，自保险人知道有解除事由之日起，超过三十日不行使而消灭。自合同成立之日起超过二年的，保险人不得解除合同；发生保险事故的，保险人应当承担赔偿或者给付保险金的责任。投保人故意不履行如实告知义务的，保险人对于合同解除前发生的保险事故，不承担赔偿或者给付保险金的责任，并不退还保险费。投保人因重大过失未履行如实告知义务，对保险事故的发生有严重影响的，保险人对于合同解除前发生的保险事故，不承担赔偿或者给付保险金的责任，但应当退还保险费。"

（2）投保方缴纳保险费义务的履行。投保方必须按照保险合同约定的时间、数额和方式缴纳保险费。根据惯例，保险费的缴纳人一般是投保人。投保方违反缴纳保险费义务便构成违约，但保险人对人寿保险的保险费，不能用诉讼方式要求投保方支付。投保人不履行缴纳保险费的义务，也会产生一定的法律后果，即合同约定分期支付保险费的，投保人支付首期保险费后，除合同另有约定外，投保人超过规定的期限60日未支付当期保险费的，合同效力中止，或者由保险人按照合同约定的条件减少保险金额。合同效力中止两年内，双方未达成复效协议的，保险人有权解除合同。

（3）投保方保险事故发生后通知义务的履行。人身保险合同订立以后，如果保险事故发生，投保人、被保险人或受益人应及时通知保险人，并提供相关单证。保险事故的发生，意味着保险人承担保险责任、履行保险义务的条件已经产生。保险人如果能够及时得知情况，一方面可以采取适当的措施防止损失的扩大；另一方面可以迅速查明事实，确定损失，明确责任，不至于因为调查的拖延而丧失证据。如果投保方未履行保险事故发生的通知义务，则有可能产生两种后果：一是保险人不解除保险合同，但可以请求投保人（或被保险人）赔偿因此而遭受的损失；二是保险人免除合同中的责任。

2. 保险人义务的履行

（1）保险人告知义务的履行。保险人在订立合同时也应尽告知义务，即保险人在订约时应如实向投保人解释条款，说明投保方在合同中的权利和义务，并解答投保方提出的有关询问。依据《中华人民共和国保险法》第十六条的规定，在订立保险合同时，保险人就保险标的或者被保险人的有关情况提出询问的，投保人应当如实告知，否则将承担相应的法律后果。但是，法律并未规定保险人如果违反告知义务应承担的法律后果。

人身保险合同订立前，保险人有义务详细说明人身保险合同的各项条款，并就投保人对人身保险合同的询问做出直接、真实的回答。保险人应以书面或口头形式向投保人做出说明，也可以通过代理人向投保人说明。保险人向投保人说明保险合同条款内容，无须投保人询问或请求，保险人应当主动进行。关于责任免除条款，保险人不仅要履行说明义务，而且应当向投保人明确说明，未明确说明的，依据法律规定该责任免除条款不产生法律效力。

（2）保险人给付保险金义务的履行。给付保险金义务是保险人最重要的义务。保险人在保险事故发生后，应从被保险人或受益人处获得完整的索赔申请书、各项证明材料和单证，及时明确保险责任范围，计算赔付金额，并进行赔付。给付的金额以人身保险合同中约定的保险金额为最高额，给付方式除双方在合同中另有约定外，一般以现金形式给付。

（二）人身保险合同的变更

人身保险合同的变更是指在保险合同的有效期限内，投保人和保险人经过协商，依法对合同条款做出修改或补充。《中华人民共和国保险法》第二十条规定：“投保人和保险人可以协商变更合同内容。变更保险合同的，应当由保险人在保险单或者其他保险凭证上批注或者附贴批单，或者由投保人和保险人订立变更的书面协议。”人身保险合同的变更分为主体的变更和内容的变更。

1. 主体的变更

人身保险合同主体的变更，即合同当事人和关系人的变更，一般是指保险人、投保人、被保险人的变更。人身保险合同主体的变更大多是由保险标的的权利发生转移而引起的，因此保险合同主体的变更实际上就是合同的转让。人身保险合同的转让不改变合同的权利和义务。

（1）保险人方面的变更。这种情况一般不常见，主要是保险人由于分立、合并、更名等原因引起的。

（2）投保人的变更。这种情况必须征得被保险人的同意并通知保险人，保险人核准后才可以变更，目的是保证变更后的投保人对被保险人具有保险利益和保险费的缴付能力。

（3）被保险人的变更。由于人身保险合同中保险标的是被保险人的寿命或身体，因此在个人人身保险中不允许被保险人的变更。这里的被保险人的变更一般是指在团体保险中被保险人的变更，主要是被保险人可能发生增加或减少的情况。

（4）受益人的变更。在人身保险合同中，受益人可以变更，但投保人变更受益人必须征得被保险人本人的书面同意，不论何种情况，都必须及时通知保险人。

2. 内容的变更

人身保险合同内容的变更是指保险合同当事人对合同中原先约定的某些事项进行修改或补充，如保险金额、保险期间、保险责任、缴费方式等。在人身保险合同中，任何一方当事人都有变更合同内容的权利，同时也承担与对方协商的义务。因此，在需要改变合同内容时，投保人要先提出申请，经保险人审批同意，签发批单后，变更才能产生法律效力。

（三）人身保险合同的中止与复效

1. 人身保险合同的中止

（1）保险合同的中止的概念。保险合同的中止是指在保险合同的有效期限内，因某种特定事由出现而使得合同的法律效力处于暂时停止状态，当该种特定事由消失时，合同的法律效力仍可恢复并继续的情形。根据《中华人民共和国保险法》的规定，保险合同的中止的情形主要适用于人身保险合同。

（2）人身保险合同的中止的条件。《中华人民共和国保险法》第三十六条规定：“合同约定分期支付保险费，投保人支付首期保险费后，除合同另有约定外，投保人自保险人催告之日起超过三十日未支付当期保险费，或者超过约定的期限六十日未支付当期保险费的，合同效力中止，或者由保险人按照合同约定的条件减少保险金额。被保险人在前款规定期限内发生保险事故的，保险人应当按照合同约定给付保险金，但可以扣减欠交的保险费。”由此可见，人身保险合同中止的计算期间是自保险人催告之日起超过30日或合同约定的支付期限届满后60日，合同的中止日由宽限期届满后的第二天起开始计算。

在有些情况下，投保人欠交保险费并不构成合同效力的中止，这些原因包括：保险人同意缓期交付的；保险人应催交而未催交的；保险人无正当理由拒收的；因发生重大事故，如天灾人祸、交通阻塞或中断，致使投保人无法缴纳保险费的。保险人应允许投保人在合理时间内补交保险费，以保持保险合同的效力。

（3）人身保险合同的中止的法律后果。一般来说，保险人对中止期间发生的保险事故，不承担赔付责任。投保人有权在中止后的一定时期内申请恢复合同效力。对超过复效时间的人身保险合同，保险人按退保处理，退还保单的现金价值后，合同效力终止。

2. 人身保险合同的复效

保险合同的复效是指保险合同中止后，经过一定的程序又恢复合同的法律效力。《中华人民共和国保险法》第三十七条规定：“合同效力依照本法第三十六条规定中止的，经保险人与投保人协商并达成协议，在投保人补交保险费后，合同效力恢复。但是，自合同效力中止之日起满二年双方未达成协议的，保险人有权解除合同。保险人依照前款规定解除合同的，应当按照合同约定退还保险单的现金价值。”需要注意的是，保险合同的复效恢复的是合同双方当事人原来签订的保险合同的法律效力，除经过双方个别批注外，原保单条款所约定的权利和义务都不变。人身保险合同的复效仅仅适用于投保人因欠交保险费而导致的保险合同效力中止的情况，其他原因导致的失效不在复效的范围之内。

三、人身保险合同的终止

人身保险合同的终止是指某种法定或约定事由的出现，致使保险合同当事人的权利和义务关系消灭。引起人身保险合同的终止的原因很多。归纳起来，其主要有以下几种情形：

（一）自然终止

自然终止是指人身保险合同在保险期间届满时，合同当事人约定的权利和义务关系的终止。这是人身保险合同中最为普遍也是最基本的一种终止方式。自然终止包括以下几种情况：一是保险期间届满而无保险事故发生，人身保险合同自然终止。二是人身保险合同的被保险人因非承保的风险事故而死亡，保险合同自然终止。

（二）履约终止

履约终止是指在人身保险合同有效期内发生保险事故后，保险人对被保险人或受益人履行了保险金给付责任后发生的保险合同效力终止。也就是说，履约终止是保险合同因保险人全部履行保险金的给付责任后保险关系的消灭。在这种情况下，投保人如果还需要保险保障，则需签订新的保险合同。

（三）解约终止

解约终止是指在人身保险合同有效期届满前，因保险合同解除而终止。《中华人民共和国保险法》第十五条规定："除本法另有规定或者保险合同另有约定外，保险合同成立后，投保人可以解除合同，保险人不得解除合同。"保险合同的解除一般分为法定解除、约定解除、协议解除三种。保险合同一经解除即告终止。

四、人身保险合同的无效

人身保险合同的无效是指当事人虽然订立，但不具有法律效力，法律不予保护的人身保险合同。人身保险合同一经法院或仲裁机构认定无效，就会产生以下法律后果：第一，返还保险费，即保险人将已经收取的保险费在扣除手续费之后退还给投保人。第二，不再承担保险责任。第三，退还保险金。如果保险事故发生以后保险人给付了保险金，但是该合同后来被确认为无效合同，则被保险人、受益人应将已经取得的保险金退回给保险人。

人身保险合同的无效与失效不同，人身保险合同被认定无效后，自始无效，即人身保险合同自订立时起就不发生法律效力，是绝对无效；人身保险合同的失效是指合同依法成立后，由于某种事由的发生，致使合同效力中止，如投保人不缴纳保险费、超过索赔时效等原因导致的人身保险合同的失效。

第五节　人身保险合同的常见条款

保险合同条款是人身保险合同中的核心。由于人身保险的保险标的是人的寿命和身体，因此人身保险合同主体的权利和义务与其他保险合同有较大的区别。在长期发展过程中，人身保险合同经过不断淘汰、修正、检验，逐渐形成一些内容固定、文字形式较为规范的常用条款，并且大多数国家的保险监督管理部门在保险法中将这些常用条款规定为标准条款，供保险人设计合同时选择使用。

一、不可抗辩条款

"不可抗辩"一词在寿险业中最早出现在 1848 年英国伦敦寿险公司出售的产品中。当时对投保人实施的是严格一致的保证要求，即保险公司可以因投保人任何一点不实告知而随时解除合同，而投保人要达到如此严格的保证要求，则需非常谨慎。当被保险人死亡后，受益人要想推翻保险公司的处理更是难上加难，因为其对被保险人的情况不可能比被保险人自己还要清楚，所以当时因投保人告知原因而出现的合同纠纷案层出不穷，造成保险公司声誉不断下降，保险公司甚至被媒体称为“伟大的拒付者”。于是，当英国伦敦寿险公司在保单中引入不可抗辩条款时，其受到了投保人的普遍欢迎，极大地改善了公司与大众之间的关系，为公司重新赢得了客户信任，随之而来的是其他公司也纷纷仿效。后来美国曼哈顿寿险公司将此做法向前推进一步，将主动放弃抗辩权的意图变为其销售的寿险产品的固定条款。1930 年，美国纽约州保险监督管理部门将此条款作为法定条款，要求所有寿险保单必须包含此条款。由此可见，不可抗辩条款是市场发展的产物，是由寿险合同的特殊性所决定的。确立该条款，目的在于保护保单持有人的利益和防止保险公司的不当得利。

不可抗辩条款又称不可争条款，是指自人身保险合同订立时起，超过法定时限（通常规定为两年）后，保险人不能对保单的有效性提出争议，即保险人将不得以投保人在投保时违反如实告知义务，如误告、漏告、隐瞒某些事实为理由，而主张合同无效或拒绝给付保险金。

《中华人民共和国保险法》第十六条规定：“订立保险合同，保险人就保险标的或者被保险人的有关情况提出询问的，投保人应当如实告知。投保人故意或者因重大过失未履行前款规定的如实告知义务，足以影响保险人决定是否同意承保或者提高保险费率的，保险人有权解除合同。前款规定的合同解除权，自保险人知道有解除事由之日起，超过三十日不行使而消灭。自合同成立之日起超过二年的，保险人不得解除合同；发生保险事故的，保险人应当承担赔偿或者给付保险金的责任。”

二、年龄误告条款

年龄误告条款的一般规定为投保人在投保时如果误报被保险人年龄，将根据真实年龄予以调整。该条款设定的目的是针对投保人申报的年龄不真实，且真实年龄符合保险合同规定的限制而设立的。

被保险人投保时的年龄是保险人厘定保险费率的重要依据之一，也是判断能否承保的条件。投保人在申请投保时，应如实填写被保险人的真实年龄。《中华人民共和国保险法》第三十二条规定：“投保人申报的被保险人年龄不真实，并且其真实年龄不符合合同约定的年龄限制的，保险人可以解除合同，并按照合同约定退还保险单的现金价值。保险人行使合同解除权，适用本法第十六条第三款、第六款的规定。投保人申报的被保险人年龄不真实，致使投保人支付的保险费少于应付保险费的，保险人有权更正并要求投保人补交保险费，或者在给付保险金时按照实付保险费与应付保险费的比例支付。投保人申报的被保险人年龄不真实，致使投保人支付的保险费多于应付保险费的，保险人应当将多收的保险费退还投保人。”

但是，值得强调的是，根据《中华人民共和国保险法》的规定，年龄误报不适用不可抗辩条款。

三、不丧失现金价值条款

不丧失现金价值条款的基本内容为除定期寿险外的长期人寿保险，在保险合同生效满两年后，投保人所交保险费中的储蓄保险费会累积成现金价值，而且随着时间的推移，现金价值将不断增加。这部分价值归保单持有人所有，不会因为保险合同效力的终止而丧失，投保人可以按照自己的方式处理这部分现金价值。根据《中华人民共和国保险法》的规定，投保人交足两年以上保险费，保单产生现金价值，有关解除合同、保险人不承担给付保险金责任的规定中，均有“退还保险单现金价值”的规定。

投保人处置失效保单现金价值的方式一般分三种：第一，办理退保，领取退保金。第二，申请变更为“减额交清保险”，即将保单的现金价值作为趸缴保险费购买保险金额降低，保险期间和其他保险内容与原保单相同的保险。第三，申请变更为“展期定期保险”，即将保单的现金价值作为趸缴保险费购买保险期间缩短，保险金额和其他保险内容与原保单相同的保险。

《中华人民共和国保险法》第三十七条第二款规定：“保险人依照前款规定解除合同的，应当按照合同约定退还保险单的现金价值。”（第一款为复效条款）可见，对于已经失效的人寿保险保单，其现金价值在任何情况下都不会丧失。

四、宽限期条款

宽限期条款的基本内容为对保险合同约定分期支付保险费的，投保人支付首期保险费后，未按时交付续期保险费的，法律规定或合同约定给予投保人一定的宽限时间（通常为30天或60天）。规定宽限期的目的在于避免投保人非故意不续交保险费而导致保单失效的情况发生，既保障了被保险人的利益，又保护了保险人的利益。

《中华人民共和国保险法》第三十六条规定：“合同约定分期支付保险费，投保人支付首期保险费后，除合同另有约定外，投保人自保险人催告之日起超过三十日未支付当期保险费，或者超过约定的期限六十日未支付当期保险费的，合同效力中止，或者由保险人按照合同约定的条件减少保险金额。被保险人在前款规定期限内发生保险事故的，保险人应当按照合同约定给付保险金，但可以扣减欠交的保险费。”

在宽限期内，即使投保人没有缴纳保险费，合同仍然有效。如果此时发生保险事故，保险人应给付保险金，但要从中扣除应缴纳而未缴纳的保险费。

五、中止、复效条款

在人寿保险合同履行过程中，在一定的期间内，由于失去某些合同要求的必要条件，致使合同失去效力，称为合同中止；一旦在法定或约定的时间内所需条件得到满足，合同就恢复原来的效力，称为合同复效。

中止、复效条款所指的复效仅针对因投保人欠交保险费而导致的失效，由其他原因引起的失效不属于复效条款的适用范围。复效的成立一般需要满足三个条件：第一，提交可保证明，包括健康状况良好的证明；第二，支付所欠的保险费；第三，复效申请必须在一定时期内提出（通常为两年）。需要注意的是，保险合同复效后，保险人对失效期间发生的保险事故仍不负责。

《中华人民共和国保险法》第三十七条规定："合同效力依照本法第三十六条规定中止的，经保险人与投保人协商并达成协议，在投保人补交保险费后，合同效力恢复。但是，自合同效力中止之日起满二年双方未达成协议的，保险人有权解除合同。保险人依照前款规定解除合同的，应当按照合同约定退还保险单的现金价值。"

六、保单贷款条款

保单贷款条款的基本内容为人寿保险保单经过两年后，投保人可以以具有现金价值的保单作为质押，在现金价值数额内，向其投保的保险人申请贷款（习惯上称为保单贷款）。根据不丧失现金价值条款，保单经过一定时期后，会积存一定的现金价值，并且这一现金价值归保单持有人所有。因此，如果投保人面临经济上的临时需要，可以选择向投保的保险人申请保单贷款，保险人也应该将现金价值暂借给投保人使用。在实务中，贷款金额只能是现金价值的一定比例，如 70% 或 80%。目前，具有储蓄性质的人寿保险、分红型保险、养老保险以及年金保险等保险合同大多可以申请保单贷款，而人身意外伤害保险、健康保险、投资连接保险，由于不存在现金价值或现金价值波动不可控制，往往不具备此功能。

因为保单贷款会影响保险人的资金运用，有可能使保险人减少资金收益，所以投保人需承担合同约定的贷款利息。以死亡为给付保险金条件的保险合同，非经被保险人同意，投保人不得将保单进行质押。

《中华人民共和国保险法》并未明确规定保单质押贷款制度，只是在第三十四条第二款以禁止性规范的形式，间接确认了人寿保险保单的可质押性。该条款规定："按照以死亡为给付保险金条件的合同所签发的保险单，未经被保险人书面同意，不得转让或者质押。”

七、保险费自动垫交条款

保险费自动垫交条款的基本内容为保险合同生效满一定时期（通常为两年）后，如果投保人超过宽限期仍没有缴纳保险费，保险人则自动以保单的现金价值垫缴保险费。在垫缴保险费期间如果发生了保险事故，保险人将在保险金中扣除垫缴的保险费。需要注意的是，如果投保人事先并没有书面同意在超过宽限期后保险人可以用保单的现金价值垫缴保险费，则该条款无效。因此，该条款发生效力的前提是保单具有足够的现金价值以缴纳所欠保险费，并且投保人事先没有做出反对保险人行使该条款的声明。

《中华人民共和国保险法》没有对此的相关规定，但有的寿险公司在人寿保险保单中规定了此条款。

八、自杀条款

自杀条款的基本内容为在保险合同生效后的一定时期内（通常为两年），被保险人因自杀死亡，属于保险人的法定责任免除，保险人不给付死亡保险金，对投保人所缴纳的保险费，保险人按照保单退还其现金价值。保险合同生效满两年后被保险人因自杀而死亡，保险人则要承担保险责任，按照约定的保险金额给付保险金。

《中华人民共和国保险法》第四十四条规定：“以被保险人死亡为给付保险金条件的合同，自合同成立或者合同效力恢复之日起二年内，被保险人自杀的，保险人不承担给付保险金的责任，但被保险人自杀时为无民事行为能力人的除外。保险人依照前款规定不承担给付保险金责任的，应当按照合同约定退还保险单的现金价值。”

将自杀作为责任免除条款，主要是为了避免蓄意自杀者通过保险方式谋取保险金，防止道德风险的发生。但是，自杀毕竟是死亡的一种，保险公司用以计算保险费的死亡率中包括了各种死亡因素，其中也包括自杀。领取死亡保险金的是受益人，如果完全免除保险人的责任，将会给受益人的生活带来很大的经济困难，从而违背了保险的初衷。在大多数情况下，自杀是一时冲动而产生的，很少有人在投保时就计划好两年之后自杀。即使当初有这种想法，根据心理学家的分析，两年之后想法往往也会发生变化。因此，为达成一种平衡，自杀条款规定了一个两年的期限。

九、受益人条款

在含有死亡责任的人寿保险合同中，受益人是一个十分重要的关系人。受益人是指在人身保险合同中，由被保险人或投保人指定的享有保险金请求权的人。受益人没有任何资格的限制。《中华人民共和国保险法》第三十九条规定："人身保险的受益人由被保险人或者投保人指定。投保人指定受益人时须经被保险人同意。投保人为与其有劳动关系的劳动者投保人身保险，不得指定被保险人及其近亲属以外的人为受益人。被保险人为无民事行为能力人或者限制民事行为能力人的，可以由其监护人指定受益人。"该法第四十条规定："被保险人或者投保人可以指定一人或者数人为受益人。受益人为数人的，被保险人或者投保人可以确定受益顺序和受益份额；未确定受益份额的，受益人按照相等份额享有受益权。"该法第四十一条规定："被保险人或者投保人可以变更受益人并书面通知保险人。保险人收到变更受益人的书面通知后，应当在保险单或者其他保险凭证上批注或者附贴批单。投保人变更受益人时须经被保险人同意。"该法第四十二条规定："被保险人死亡后，有下列情形之一的，保险金作为被保险人的遗产，由保险人依照《中华人民共和国继承法》的规定履行给付保险金的义务：（一）没有指定受益人，或者受益人指定不明无法确定的；（二）受益人先于被保险人死亡，没有其他受益人的；（三）受益人依法丧失受益权或者放弃受益权，没有其他受益人的。受益人与被保险人在同一事件中死亡，且不能确定死亡先后顺序的，推定受益人死亡在先。"该法第四十三条第二款规定："受益人故意造成被保险人死亡、伤残、疾病的，或者故意杀害被保险人未遂的，该受益人丧失受益权。"

受益人的产生一般是通过指定方式，即由投保人或被保险人指定受益人。

若保险合同未指定受益人，保险金就作为被保险人的遗产，保险公司应将保险金给付给被保险人的遗产继承人。

十、红利选择权条款

投保人如果投保了分红保险，保单所有人便可通过领取红利的方式享受保险人的经营成果。

一般来说，可供保单所有人选择的红利分配方式主要有四种：第一，现金给付，即直接用现金给付红利；第二，抵缴保险费，即用红利缴纳保险费；第三，积累生息，即将红利留存在保险公司，通过保险公司进行资金运用，实现增值；第四，购买增额缴清保险，即将红利作为增加保险金额应缴纳的保险费。投保人可以根据自身的需要选择红利领取方式。

十一、保险金给付选择权条款

保险金给付选择权条款的基本内容为投保人可以选择保险金给付的方式。

一般来说，人身保险保险金的给付有以下五种方式：第一，一次性支付现金方式。第二，利息收入方式。使用这一方式时，受益人将保险金作为本金留存在保险公司，然后根据约定的利率，按期到保险公司领取保险金产生的利息。第三，定期收入方式。这种方式是根据投保人的要求，在约定的给付期间，按约定的利率，计算出每期应给付的金额，以年金方式按期给付。第四，定额收入方式。这种方式根据受益人生活开支的需要，确定每次领取保险金的数额。受益人按期领取这个金额，直到保险金的本息全部领取完为止。第五，终身收入方式。这种方式是受益人用领取的保险金投保一份终身年金保险，此后受益人按期领取年金直至死亡。

投保人可以根据被保险人的实际需要，确定合适的保险金给付方式。

重要术语

人身保险合同　投保人　被保险人　受益人　人身保险合同的订立
人身保险合同的生效

复习思考题

1. 人身保险合同的概念和特征是什么？
2. 简要介绍人身保险合同的要素。
3. 简述人身保险合同订立的基本原则。
4. 发生人身保险合同纠纷后，如何进行处理？
5. 简述不可抗辩条款的内容。
6. 简述年龄误告条款的内容。
7. 简述宽限期条款和复效条款的内容。
8. 简述不丧失现金价值条款的内容。
9. 简述保险费自动垫缴条款的内容。
10. 简述人身保险合同的成立、生效、保险责任开始的确认。
11. 简述人身保险合同的变更事项及其注意问题。
12. 人身保险合同中止的条件及法律后果是什么？
13. 投保方应如何履行人身保险合同？
14. 保险方应如何履行人身保险合同？

第四章　人寿保险

学习目标

1. 掌握人寿保险的概念和特征
2. 了解人寿保险的种类
3. 掌握传统型人寿保险的几种基本形式，掌握每种形式产品的概念和特点
4. 掌握投资型人寿保险的几种基本形式，掌握每种形式产品的概念和特点

第一节　人寿保险概述

一、人寿保险的概念

人寿保险简称寿险，是指以人的寿命为保险标的，以人的生存或死亡为保险事故的一种人身保险。保险金的给付以被保险人在保险有效期内死亡、生存至保险期满或约定的年龄为条件。人寿保险是人身保险中最基本、最古老、最重要的组成部分。

二、人寿保险的特点

（一）承保风险的特殊性

1. 风险的稳定性

人寿保险承保的风险是人的生存或死亡，这种风险从整体上来看具有一定的稳定性，

死亡率随着年龄的增加而上升。人的死亡率在5岁以前较高，在10岁左右趋于稳定，之后平稳发展，在40岁以后明显增长。这表明年龄越大，死亡率越高，也就是说，年龄与死亡率成正比。

2. 风险的变动性

就整体而言，人寿保险承保的风险呈现出一定的规律性。就个体而言，这种风险又具有变动性，有的人死得早，有的人活得长，与个体的职业、从事的活动、健康状况、家族遗传病史等密切相关。正是由于这种变动性的存在，人们才需要通过购买保险把风险转嫁给保险公司。

（二）保险期间的长期性

人寿保险的保险期间较长，通常都在5年以上，大多数险种的保险期间长达十几年、几十年甚至人的一生。由于死亡率随着年龄的增加而上升，从而导致在死亡保险、两全保险的保险费也将逐年提高，这种随年龄增加而缴纳的保险费称为自然保险费。采用这种方式缴费，在漫长的缴费期间，投保人有可能出现年老交不起保险费的情况。因此，在人寿保险中，一般都采用均衡保险费，即在缴费期内，投保人缴纳的保险费不变。在缴费期间的前一段，均衡保险费通常高于当年应缴纳的自然保险费，在缴费期间的后一段，均衡保险费通常低于当年应缴纳的自然保险费，前期多缴纳的部分由保险公司加以运用增值，用于弥补后一阶段的不足。

（三）储蓄性

储蓄具有返还性和收益性两个特征。返还性是指存款人在存款到期后可以收回本金，收益性是指到期不仅能收回本金，还能获得一定的利息，作为对这段时期让渡资金使用权的补偿。人寿保险采用均衡保险费，前期缴纳的保险费高于被保险人当年的死亡成本，多出来的部分，所有权属于投保方，保险公司在保险期间加以管理和运用使其保值增值，并提取未到期责任准备金，以保证未来保险金的给付，这体现了人寿保险的储蓄性。如果投保人中途退保，保险公司需要将责任准备金以退保金的形式退还给投保人。如果投保人在保险期间出现财务状况危机，还可以将人寿保险的保单向保险公司质押申请贷款，这些都体现了人寿保险的储蓄性。

（四）经营技术的复杂性

依据国际惯例，保险分为寿险和非寿险，这两类保险的精算技术完全不同。人寿保险厘定费率除了考虑被保险人在保险期间的生存率或死亡率外，还要考虑保险公司的资金回报率、经营的费用率和合理的利润率。因此，寿险保险费和责任准备金的计算一般要根据生命表的死亡率（或生存率），并考虑利率、费用率、退保率、利润率等因素，并由此形成寿险精算技术。

三、人寿保险的分类

按照不同的分类标准，人寿保险可以分为不同的类别。以下几种是比较常见的人寿保险的分类方式。

（一）按保险责任划分

1. 死亡保险

死亡保险是指以死亡为给付保险金条件的人寿保险，习惯上称为寿险。

2. 生存保险

生存保险是指以被保险人生存到保险期间届满或达到约定的年龄时为给付保险金条件的保险。

3. 生死两全保险

生死两全保险又称生死合险，是指既包含以被保险人死亡为给付保险金条件，又包含以被保险人生存为给付保险金条件的人寿保险。如果被保险人在保险期内死亡，保险人将向被保险人的受益人给付死亡保险金；如果被保险人生存到保险期间内届满时，保险人向被保险人本人给付生存保险金。

4. 年金保险

年金保险是生存保险的特殊形式，是指以被保险人生存为给付保险金条件，以年金的方式给付生存保险金的人寿保险。

（二）按功能划分

1. 保障型人寿保险

保障型人寿保险是指仅具有保险保障功能，而不具有投资功能的人寿保险。其产品主要包括定期寿险、终身寿险、两全保险等。

2. 投资型人寿保险

投资型人寿保险是指不仅具有保险保障功能，而且具有投资功能的人寿保险。其产品主要包括分红保险、万能保险、投资连结保险等。

（三）按参加保险的人数划分

1. 个人人寿保险

个人人寿保险是指以个人为投保人，一张保单只承保一名被保险人的人寿保险。

2. 联合人寿保险

联合人寿保险是指以有一定经济利害关系的，两个或两个以上的被保险人（如一个家庭的所有家庭成员）为联合体的人寿保险。

3. 团体人寿保险

团体人寿保险是指以雇主或团体负责人为投保人，与保险公司订立一张总的保险合同，为该团体内符合投保资格的所有员工提供人寿保险保障的一种人寿保险。

（四）按被保险人风险程度划分

1. 标准体保险

标准体保险是指被保险人的风险程度能够依据标准费率承保的人寿保险。

2. 次标准保险

次标准保险是指被保险人的风险程度高于普通的被保险人，如身体有缺陷、血压不正常，或者从事危险职业。这些人群不能按标准费率来承保，保险人通常采用一些限制性方式和条件来承保。例如，年龄增加法、保险金额削减法、额外保险费法。

第二节　传统型人寿保险

一、死亡保险

死亡保险是指以死亡为给付保险金条件的人寿保险。由于被保险人的早逝将会使得被保险人的遗属蒙受经济损失，因此死亡保险能够减轻由于被保险人身故而给家庭带来的财务风险及损失。根据保险期间的不同，死亡保险可以分为定期死亡保险和终身死亡保险，在保险实务中习惯上将之称为定期寿险和终身寿险。

（一）定期寿险

1. 定期寿险的定义

定期寿险是指以被保险人死亡为给付保险金条件，并且保险期间为固定年限的人寿保险。定期寿险的保险期间既可以确定具体的年数，如 1 年、5 年、20 年，也可以是截止到被保险人的某一个年龄，如 60 岁。当被保险人在保险期间内身故，并且身故时保单依然有效，保险公司则向被保险人的受益人给付保险金。如果被保险人在保险期间届满时仍生存，则视为没有保险事故，保险人不给付保险金，也不退还保险费。

2. 定期寿险的特点

（1）保险期间固定。定期保险中保险人只承担约定期限内被保险人死亡风险，超过该期限后，保险人不再承担保险责任。

（2）保险费低廉。定期寿险只承担保险合同约定的期限内的死亡风险保障，厘定费率时仅仅考虑死亡风险。在相同的保额与投保条件下，保险费要低于任何一种人寿保险，能以较小的保险费成本获得较大的死亡保障，这是定期寿险显著的特征。

（3）容易产生逆向选择。由于定期寿险的保险费低廉且保障水平高，因此定期寿险很容易诱发逆向选择。逆向选择是指投保人做出的有利于自身而不利于保险人的选择，如身体健康状况不太好、职业风险较大的人更倾向于购买定期寿险。

（4）退保时不退还保险费。定期寿险属于保障型的人寿保险，不具有现金价值，或者仅仅具有较低的现金价值。如果保险期满时被保险人仍然生存，保险人不承担给付保险金责任，也不退还保险费。

3. 定期寿险中的两个重要条款

定期寿险只在特定期间内为被保险人提供死亡保障，当保险期间届满时，保险人不再承担任何保险责任，这大大降低了定期寿险的吸引力。在实践中，很多客户在保险期间结束后仍然希望继续获得寿险保障，但此时客户有可能面临变为不可保体而永远丧失保险保障。当保险期间届满时，如果投保人希望继续得到寿险保障，必须再次向保险公司提出投保申请，这时被保险人的年龄已大，所需缴纳的保险费比初次投保时高，这也意味着投保人必须提高保险成本才能获得同样的保障。因此，为了提高定期寿险的吸引力，大多数保险公司都乐意在定期寿险合同中附加两个重要条款，提供灵活性较大的定期寿险，既能满足客户的需求，又能节省高额的新保单费用。

（1）可续保条款。可续保条款是一种投保人有权在保险期间末续保的条款。根据该条款的约定，在保险期间结束时，如果被保险人仍然生存，客户有权力决定是否继续投保，并且不需要提供任何的可保证明。这也就是说，保险公司不得因被保险人的健康状况改变为理由而拒绝继续予以承保。换言之，是否继续承保完全取决于客户。

很明显，对于客户来说，具有可续保条款的保单非常有利；对于保险公司来说，其存在逆向选择风险。在多数情况下，保险公司可以对可续保条款做出一些限制，如限制续保的次数、规定可续保的最高年龄、限制续保后保单的保险金额等。

关于这种可续保的保单，保险公司通常会根据被保险人续保时的年龄而增加保险费。因为随着年龄的增长，死亡率相应增加，所以续保时费率也要相应提高。但在新的保单年度内，保险公司仍然采用的是均衡费率。需要注意的是，保险公司不得以被保险人健康原因为由，额外提高保险费。

（2）可转换条款。可转换条款是一种投保人有权在保险期间内将定期寿险转变为终身寿险的条款。投保人在行使转换权时不需要提供任何可保证明。

可转换条款的特点是被保险人在保险期间结束后，可以无须体检而更新保险合同，保险公司不能因被保险人的健康状况欠佳而拒绝变更要求，同时也不能以同样的理由收取比标准费率高的保险费，而只能根据年龄的增加来提高保险费。同样地，为了减少逆向选择，保险公司可以对投保人行使可转换权利做出一些限制，如注明转换权在被保险人达到某个岁数后即告消失，或者限制转换后新保单的保险金额，或者规定变更权在保单到达某个特定年限后即告失效。

4. 定期寿险的种类

（1）平准式定期寿险。平准式定期寿险是指在保险期间内，保险金额保持不变的定期寿险。无论被保险人在保险期间内何时死亡，受益人获得的给付金额都相等。

（2）递减式定期寿险。递减式定期寿险是指在保险期间内，保险金额随着时间的推移递减的定期寿险。在保险期间内，递减式定期寿险的保额按客户的需要逐年递减，而保险费通常固定不变，即在保险期间内，保险费数额不因保险金额的递减而有所改变。假设有一份五年期递减式定期寿险合同约定，保单生效后第一年，保额为 10 万元，以后每年递减 2 万元，即第 2~5 年的保额分别为 8 万元、6 万元、4 万元、2 万元，当第五年结束后，保险合同立即终止。

常见的递减式定期寿险有以下几种：

① 抵押贷款偿还保险。近年来，随着经济的发展，贷款买房、贷款买车、其他贷款消费成为一种时尚和趋势，但在个人信用体系不健全的社会经济环境下，债权人为了防范和控制违约风险，制定了严格的资信调查、审核调查，许多消费者难以获得所需的贷款，严重影响了他们的家庭财务和消费安排，也制约了个人贷款业务的发展。为此，保险公司根据抵押贷款的特点设计出抵押贷款偿还保险。

这是一种递减式定期寿险，保险费由债务人支付，其死亡保险金就是保额，任何时候与逐渐下降的抵押贷款未偿还余额一致。保险期间与抵押贷款的期限一致，通常为 10 年、20 年或 30 年。在一般情况下，在保险期间内，保险费不变。

② 信用人寿保险。信用人寿保险也是一种保险金额递减的定期人寿保险，其保险金一般用于偿还借款人未清偿的债务，死亡保险金在任何时点上都与被保险人未偿还的贷款余额相等。但是，与抵押贷款偿还保险不同的是，一旦作为被保险人的借款人在保险期间内死亡，信用人寿保险的保险金将直接给付给相应的债权人或贷款人。这是因为，抵押贷款偿还保险没有强制规定保险金必须用于偿还贷款余额，债权人仍然承担一定的违约风险，而信用人寿保险则可以避免这一风险。

信用人寿保险的保险费可以由债权人或债务人缴纳，可用于消费贷款、信用卡持有人等。

③ 家庭收入保险。家庭收入保险通常以一家之主为被保险人，如果被保险人在保险期间内死亡，其配偶继续生存则可以按保险合同约定每月领取收入保险金，用于满足家庭日常消费和子女教育。保险期间通常为 10 年、15 年或 20 年，期满时保险公司停止给付。因为在保险期间内，被保险人死亡的时间越晚，保险公司必须按月给付收入保险金的期限越短，应付保险金的总额将越少，所以家庭收入保险属于递减式定期寿险。

（3）递增式定期寿险。递增式定期寿险是指在保险期间内，保险金额在初始保额的基础上，按约定的金额或比例逐期递增的定期寿险。例如，某 65 岁满期递增定期寿险的初始保额为 10 万元，以后保额逐年递增 5%，或者按照生活费用的增长来调整保额的递增速度，而生活费用的增长速度通常以相关部门公布的消费物价指数来反映。

投保人购买递增式定期寿险，可以确保保障程度不会因通货膨胀而下降，将购买力风险转移给保险人。

5. 定期寿险的适宜人群

定期寿险通常适用于以下几类人群：

（1）做生意的合伙人。例如，某两人有一个合作计划，合作期为 5 年，为了保证合作双方不因对方身故而造成损失，这样两人可以各自以对方为被保险人，自己为受益人，投保 5 年期定期寿险。

（2）收入低、保障需求高的人。这类人群投保可续保定期寿险或可转换定期寿险，可以确保在有支付能力时不会因健康状况恶化而失去投保终身寿险的机会。

（3）贷款消费人士。例如，贷款买房一般都是以房屋作为抵押向银行贷款，还款额随时间的推移逐渐减少。贷款买房家庭的主要经济来源者可以投保递减式定期寿险，即使他在还款期内身故，保险公司将按照合同的约定向受益人给付身故保险金，给付的金额将会与余下的贷款金额相等。这样，被保险人的遗属便能够获得足够的现金来偿还贷款，免受无家可归的威胁。

（二）终身寿险

1. 终身寿险的定义

终身寿险是一种不定期死亡保险，自保险合同生效之日起，无论被保险人何时死亡，保险人都承担给付保险金的义务，也就是保险人要对被保险人的终身负责。如果被保险人生存到生命表的极限年龄，并已按要求缴清所有保险费，则保险公司将给付满期保险金。因此，终身寿险又可以看成保险期间至生命表年龄上限的两全保险。

2. 终身寿险的特点

（1）每一张有效保单必然发生给付。终身寿险能够为被保险人提供终身的死亡保障，死亡保险金等于保单的保额，并且在被保险人的一生中是固定不变的。例如，无论被保险人何时死亡，保额为30万元的终身寿险保单都将向保单的受益人给付30万元保险金。

（2）累积现金价值，具有储蓄性。因为采用均衡的方式缴纳保险费，所以保单形成了现金价值，现金价值与保额、保险期间成正比。当投保人提出退保时，保险人将向其支付退保金。投保人还可以根据保单贷款条款，以具有现金价值的保单作为质押，向保险公司申请贷款。保险公司无须进行资信调查而按照约定利率给予贷款，贷款上限通常是现金价值的一定比例。

3. 终身寿险的种类

终身寿险依缴费方式不同，可以分为以下几种：

（1）连续缴费终身寿险（普通终身寿险）。这种终身寿险投保人需要一直缴纳保险费，直到被保险人死亡为止，这是终身寿险的基本形态。其优越性在于，在同一保险费水平下，被保险人可以获得最高的终身保障，而且这种终身寿险是这三种终身寿险中保险费负担最低的。

（2）限期缴费终身寿险。限期缴费终身寿险合同中，缴费期为一个特定的时期，缴费期过后，投保人便无须再缴费，保单却一直有效，直到被保险人死亡，保险人给付保险金为止。这种终身寿险的缴费期可以用被保险人的年龄来界定，如60岁缴清终身寿险，即该保单在被保险人年龄达到60岁后，便无须再缴纳保险费，而死亡保障在60岁之后仍然有效。如果被保险人在缴费期结束之前就已经死亡，则保单持有人无须交付剩余保险费，也能获得保险公司的给付。限期缴费终身寿险由于缴费期缩短而保障程度不变，因此次均保险费通常比普通终身寿险要贵，缴费期限越短，次均保险费的差额更大。与此同时，现金价值的累积速度会更快。因此，限期缴费终身寿险适合那些在特定期限内保险费预算比较充裕但又期望获得终身保障的被保险人。

（3）趸缴终身寿险。趸缴终身寿险是指投保人在投保时一次性将保险费缴清，这种终身寿险的储蓄性最强，在保单生效时就具有很高的现金价值。投保人所交付的保险费大部分用于投资，因此对保险人来说较为有利。这种终身寿险适用于那些对未来预期不好的投保人。

二、生存保险

生存保险是指以被保险人期满生存或生存到约定的年龄为条件，保险人给付保险金的人寿保险。也就是说，只有被保险人在保险期间内生存才视为保险事故发生，身故反而不是保险责任，保险人不给付保险金。生存保险可以使被保险人到了一定时期后，领取一笔保险金，用于预防日后生活的困难。目前，保险公司并不单独经营纯粹的生存保险，一般以年金保险的形式取而代之。

三、两全保险

（一）两全保险的定义

两全保险又称生死合险，是指无论被保险人在保险期间内死亡，还是在保险期间结束时仍然生存，保险公司都承担给付保险金责任的人身保险。两全保险不仅承担特定期限内的身故保险金给付，保障被保险人的受益人的利益，而且承担期满生存的保险金给付，保障被保险人本人的利益。

（二）两全保险的特点

两全保险的实质是定期寿险加上生存保险，既保生存风险，又保身故风险，保险责任较定期寿险、终身寿险和生存保险更为全面，能够为保险消费者提供全方位的风险保障。正因为如此，两全保险的保险费率也明显较高。

从寿险保单价值来看，两全保险的纯保险费包括了危险保险费和储蓄保险费，前者与保险期间成反比，后者与保险期间成正比，实质上是保额递减的定期寿险和保额递增的储蓄性保险。两全保险最能体现人寿保险中保险和储蓄的双重性。

两全保险具有储蓄性、提供全面保障等特点，可能使不少消费者片面夸大保险的功能，从而导致个人保险费支出不能最有效地满足个人或家庭的保险需求，或者在缴费能力不强的情况下购买两全保险，导致保障型保险的不足。

（三）两全保险的种类

1. 普通两全保险

普通两全保险规定，如果被保险人在约定的保险期间内死亡，保险公司向指定受益人给付死亡保险金；如果被保险人满期生存，保险公司向被保险人给付满期保险金。保险期间的规定类似于定期寿险，可以约定年数，也可以到被保险人满一定年龄为止。保险费可以限期缴纳，也可以在整个保险期间内分期缴纳。

2. 满期双倍两全保险

满期双倍两全保险是普通两全保险的一种变形，如果被保险人在保险期间内死亡，保险公司向指定受益人给付全额保险金；如果被保险人满期生存，保险公司向被保险人给付两倍于保额的满期保险金。这种两全保险重在保障被保险人本人的利益，但又不同于纯粹的生存保险，比较适合缴费能力强且家庭负担较轻的人购买。

3. 养老附加定期寿险

养老附加定期寿险规定，如果被保险人生存至养老金领取年龄，保险公司按合同约定的金额给付年金（有些公司一次性给付保险金）；如果被保险人在到领取养老金年龄之前死亡，保险公司将向受益人给付满期保险金的若干倍，如 5 倍、10 倍甚至 20 倍。这种两全保险的保障重点是受益人，即一旦被保险人死亡，受益人可以得到高额的保险金，比较适合有缴费能力且家庭负担较重的人购买。

4. 联合两全保险

联合两全保险包含两个或两个以上被保险人的两全保险。在联合两全保险中，只要有一个被保险人在保险期间内死亡，保险公司就给付全额保险金，保单终止；如果保险期满时，无一人死亡，则保险公司向被保险人给付满期保险金。这种两全保险通常适合夫妻两人联合购买。

（四）两全保险的作用

两全保险是提供养老保障的手段之一。如果被保险人选择退休日期为两全保险的满期日，则一次性给付或按年金方式给付的满期保险金可以为被保险人的晚年生活提供经济保障。

两全保险为受抚养人（包括配偶、子女、父母等）提供经济安全保障。如果被保险人在保险期间内死亡，指定的受益人可以领取死亡保险金，缓解因被保险人的死亡给家庭造成的经济困难。

两全保险是一种有效的储蓄手段。尽管两全保险不能提供比其他投资方式更高的收益率，但可以作为一种强制性的储蓄手段。在政府给予税收优惠政策且居民储蓄动机强烈的国家，两全保险比较受欢迎，容易在寿险市场中获得较高的市场份额。

第三节　创新型人寿保险

创新型人寿保险是与传统型人寿保险相对应的一个概念，创新型人寿保险产品除了提供与传统型人寿保险相同的各类寿险保障以外，还可以让客户参与由保险公司管理的投资活动，具有一定的投资性。

一、分红保险

（一）分红保险的定义

分红保险是指保险公司将其经营成果优于定价假设的盈余，按一定比例向保单持有人进行分配的人寿保险产品。分配给保单所有人的保单盈余，也就是通常所说的保单红利。

分红人寿保险的历史较为悠久，最早可追溯到 18 世纪中后期。1776 年，英国公正生命保险社在成立 15 周年进行决算时发现实际提取的责任准备金比将来保险金支付所必需的责任准备金要多，于是该保险社将多出来这部分盈余以现金的方式分给了社员。1781 年，该保险社改变了分配方式，采用在保险费缴纳期间，每年按保险金额的 1.5%增加给付，这就是最早的保险金增额式分红方法。分红保险之所以会在 18 世纪的英国产生，是因为当时新兴的资本主义经济大发展引起通货膨胀和利率急剧波动，而传统的不分红保险只具有保障功能，不能有效地规避通货膨胀的风险，所以兼具保障和投资功能的分红保险便应运而生了。

从美国寿险业的发展过程来看，分红保险比不分红保险有着更长的历史。美国最初成立的寿险公司多为相互制保险公司，公司的拥有者就是客户，其既承担公司的经营风险也参与公司的盈余分配。因此，相互制保险公司大多销售分红保险。在纽约州的存款法案有效阻止了更多相互制寿险公司成立后，股份制寿险公司才广泛兴起。起初，股份制寿险公司销售的保险产品以不分红的为主，但随着经济的大发展，寿险公司的盈余大大增加，客户要求分享寿险产品盈余的愿望也日渐强烈，于是分红保险因更能满足客户的利益分配要求，而逐渐成为市场的主流。

在我国，自 20 世纪 70 年代末恢复保险业务以来，保险业取得了长足发展，保险公司的内外部环境也逐渐规范起来。金融市场的繁荣使个人投资理财工具逐渐增多，保险公司适时推出保障与投资相结合的分红保险。2000 年 9 月，我国第一张分红保单诞生，不仅满足了市场需要，同时也增强了产品竞争力，为寿险的进一步发展开辟了一条渠道。此外，我国的不少投资者尚未建立起足够的长期理财观念，其投资方向与股市的相关性非常高，因此在股市表现不佳时，分红保险因具有保底收益的优势而容易被消费者接受。

分红适应各种类型的寿险险种，可以与定期寿险、终身寿险和两全保险等结合形成多种分红保险。因此，分红保险在国际寿险市场上占据着非常重要的地位。

（二）分红保险红利的来源及分配方式

1. 红利的来源

人寿保险厘定费率主要依据“三率”，即预定死亡率、预定利率和预定费用率。保险公司在经营过程中，实际上的“三率”和预定的“三率”之间可能会存在差额，差额为正称为差益，差额为负称为差损。分红保险红利的来源是保险公司经营的盈余，确切地说是可分配盈余，也就是预定死亡率、预定利率和预定费用率与实际死亡率、实际利率、实际费用率之间的差额，即通常所说的死差益、利差益和费差益。

（1）死差益。死差益是指被保险人的实际死亡人数少于预定死亡人数的差额，也就是实际死亡率低于预定死亡率。

死差益=（预定死亡率-实际死亡率）× 风险保额

风险保额是保险人给付的保险金减去保单责任准备金后剩余的金额。随着保单年度的增加，保单的责任准备金逐渐增加，因此风险保额是递减的，满期时趋于零。为了确保能获得死差益，一方面，保险人在承保的时候通常会对被保险人进行严格的风险选择，尽量避免逆向选择产生；另一方面，保险人在费率厘定的时候会尽量保守，使得实际死亡率低于预定死亡率，从而产生稳定的死差益。

（2）利差益。利差益是指保险公司的实际利率（投资收益率）高于保单的预定利率的差额，也就是预定利率低于实际投资收益率。

利差益=（实际投资收益率-预定利率）× 责任准备金总额

长期寿险产品在厘定利率时，为了保证保单长期有效，将会根据保险法律法规、公司政策、经验等因素，保守设定一个预定利率，如果保险公司的实际投资收益率大于保单的预定利率，就产生了利差益。

（3）费差益。费差益是指保险公司的实际费用率低于预定费用率的差额，也就是预定费用率高于实际费用率。

费差益=（预定费用率-实际费用率）× 保险费

厘定费率时，保险公司根据往年的经营费用和保险费收入情况事先确定费用率，以收取营业保险费中的附加保险费。在承保初期，保险公司必须承担高额的新单业务费用，主要包括营销费用、代理人佣金、体检费用、保单缮制费用等，因此会产生费差损，但是保险公司通过扩大经营规模、优化管理等方式可以实现增收节支。此外，保险公司在厘定费率时采取相对保守的费用率，仍然能够实现费差益。

构成分红保险保单红利的三个来源中，死亡率相对比较稳定，因此有些寿险公司对这部分的差益忽略不计。通过寿险公司内部的管理，费用率也能够控制在一个相对稳定的水平。因此，对分红保险红利影响最大的是利差益。

除了以上“三差益”之外，构成分红保险红利的来源的还有退保差益和其他差益。退保差益是指退保或失效保单的责任准备金和退保金之间的差益。合同终止、资产增值等其他非主流因素也能产生一定的利润，统称为其他差益。

2. 红利的分配方式

寿险公司在给客户分红以前首先要确定公司盈余中有多少来源于分红保单，之后才决定如何在全部有效的分红保单中分配这些盈余。当然，这些都是精算师们的工作，客户只要知道可以通过哪些方式获得红利、哪种方式最适合自己就可以了。

红利的分配方式又称红利选择权，寿险公司通常会给客户提供多种选择权，在具体的保险条款中列明。一般来讲，保险市场越成熟，保险公司给客户提供的红利选择权就越多。目前，国内寿险公司多采用的红利分配方式主要有以下几种：

（1）现金分红。现金分红是指直接以现金的方式将可分配盈余分配给保单持有人。

领取现金是最普通且最常用的红利分配方式，也是最简单、最直接的红利给付方式。目前，市场上大部分分红保险产品都提供这种红利选择权。这种分配方式有许多好处，也最容易被客户接受。但是，对于某些客户而言，现金红利并不一定是最合适的红利领取方式。例如，有些客户并不急着用钱，拿回现金红利后还要考虑如何用这笔钱进行其他投资。在这种情况下，客户就可以选择其他的红利分配方式。对于保险公司而言，采取这种方式分配保单红利将会增加现金流的压力，并且增加保险公司的费用支出。

（2）抵缴保险费。抵缴保险费是指将分红额作为下期应交保险费的一部分的红利分配方式。

这种方式与现金分红的方式并没有本质区别，因为客户可以将领取的现金红利用于缴纳下期保险费。抵缴保险费不仅减少了客户的麻烦，而且提高了效率。如果客户应得红利大于下期应交保险费，也就是说，红利抵缴保险费后还有剩余，那么可将剩余部分按储蓄生息或其他红利分配方式处理。当然，如果红利少于应交保险费，客户应补足差额。

（3）累积生息。原则上，投保人可以随时全部提取或部分提取保单红利。累积生息是指投保人将本应领取的红利留存在保险公司，保险公司以复利方式累积计算利息。没有迫切现金要求的客户可以选择这种红利分配方式，因为在一般情况下，保险公司提供的利率要比同期银行储蓄利率高。

（4）增额红利。这种分配方式是指保险公司将每年的红利作为趸缴保险费购买与原保险责任相同的缴清保险。从形式上看，保险公司不直接支付红利，而是增加该分红保单的保险金额。增加的保额作为红利一旦公布，则不得取消。采用增额红利分配方式的保险公司可以在合同终止时以现金分红的分配方式支付终了红利。

目前，我国几乎所有的分红保险都提供增额红利的分配方式。对于投保人而言，由于购买增额缴清保险无须支付中介费用、核保费用和出单费用，可以用纯保险费购买保险，而且趸缴方式进一步降低了费用，因此增额缴清保险的费率非常优惠。这种方式有点类似于保额递增的非分红保险，只是保额递增幅度每年随红利变化而变化，并不固定。对于有保障需求、希望逐渐提高保险金额的客户来说，这是一种较为理想的红利领取方式。

需要注意的一点是，客户购买的增额缴清保险应与原来持有保单的保险责任相同。也就是说，如果投保人原来持有的是终身保险，那么红利购买的增额缴清保险也是终身保险。

在一般情况下，采取增额分红的分配方式的保险公司提供年度红利、特别红利以及终了红利。终了红利根据每组保单自生效至终止时所有相关收入与支出的差额进行确定，在保单终止时支付。一般来说，终了红利的分配有持续年限的限制。

（三）分红保险的特点

分红保险主要有以下几个特点：

1. 与传统寿险类似

分红保险是世界各国寿险公司规避利率风险、保障自身稳健经营的有效手段，但有人认为分红保险仍然是一种传统寿险，或者将其归为准投资型人寿保险，原因就在于分红保险和传统寿险一样，保额固定、缴费固定。

2. 共享经营成果

保险公司每年要将经营分红保险产生的部分盈余以红利的形式分配给分红保单的持有人，这样保单持有人就可以与保险公司共享经营成果，因此分红保险与不分红保险相比增加了保单持有人的获利机会。依据 2015 年中国保监会出台的《分红保险精算规定》（保监发〔2015〕93 号）的要求，保险公司分配给保单持有人的比例不低于可分配盈余的 70%。

3. 共担投资风险

由于保险公司每年的经营状况不一样，保单持有人得到的红利也会不一样。在保险公司经营状况良好的年份，客户会分到较多的红利。但如果保险公司的经营状况不佳，客户能分到的红利就会比较少，甚至没有红利，投资风险由保险公司和客户共同承担。为了降低投资风险，保险公司的分红保险账户会逐年累积分红保险特别储备，其权益共同属于保单持有人和股东双方，用于平滑未来的分红水平。

（四）分红保险与不分红保险的区别

分红保险与不分红保险最根本的区别在于分红保险除了承保非分红保险能够保障的基本保险责任外，还可以让保单持有人共享保险公司的经营成果。也就是说，购买分红保险既是一种保障也是一种投资。分红保险与不分红保险的区别主要表现在以下几方面：

1. 定价的精算假设不同

寿险产品在定价时主要以预定死亡率、预定利率和预定费用率三个因素为依据，这三个预定因素与实际情况相比的准确性直接影响到寿险公司的经营成果。不分红保险要求对死亡率、利率和费用率的预测（精算假设）尽可能精确，否则可能会导致客户与保险公司之间的权利和义务不对等。如果精算假设过于悲观，即预定死亡率、预定费用率过高而预定利率过低，那么客户缴纳的保险费就可能比实际应缴纳的多；反之，保险公司则可能入不敷出，影响经营稳定。对于分红保险而言，由于寿险公司要将部分盈余以红利的形式分配给客户，因此在定价时对精算假设的准确性要求不如非分红保险那么高，一般都做相对保守的估计，从而在实际经营过程中产生更多的可分配盈余。

2. 收取的保险费不同

从上面的定价分析中可以看出，不分红保险是按预期成本收取固定保险费的，而分红保险是建立在相对保守的精算假设基础之上的，并且定期要向客户支付红利。因此，分红保险一般设定较高的费率，收取的保险费比不分红保险要高一些。

3. 盈余分配不同

不分红保险的保单持有人不参与保险公司经营成果的分配，盈余全部归保险公司所有；分红保险的保单持有人要参与盈余分配。在具体的分配过程中，由于保险公司每年的经营成果不同，因此不同的分红保单在不同的年份提供给保单持有者的红利也会有所不同。另外，保险公司还将定期向每位客户寄送分红业绩报告，说明该类分红保险的投资收益状况、费用支出及费用分摊方法、当年度盈余和可分配盈余、该客户应得红利金额及其计算基础和计算方法等，充分做到对客户公开透明。

4. 承担投资风险的主体不同

在发生保险事故后不分红保险的客户所能得到的保险金在合同订立时就已经确定，与保险公司经营的好坏没有直接关系，而保险公司资金运用的投资风险由保险公司独立承担，因此投资收益也由保险公司享有。分红保险则不同，无论在保险期内是否发生保险事故，保险公司都将定期向客户分配红利，分配多少红利直接由寿险公司的经营成果决定。因此，实际上，客户是与保险公司共同承担投资风险的。

二、万能保险

万能保险是指包含保险保障功能并设立有保底收益投资账户的人寿保险。20 世纪 70 年代，万能保险首先在美国寿险市场出现，之后很快流行于国际市场。目前，在国际个人寿险市场上，万能保险占据相当份额。万能保险具有一定的与投资公司、银行等金融机构的金融产品竞争的能力，拓展了寿险业的发展空间。

（一）万能保险的功能

万能保险既有保险的保障功能，又有投资功能。在保障方面，在整个保险期间内，万能保险能为被保险人提供生存、身故、伤残和疾病等在内的各项保险责任，客户可以根据自身在不同生命周期的风险保障需求调整保险金额和保险水平，满足个性化保险需求。在投资方面，保险公司凭借专业的理财队伍和庞大的资金规模以获得较为理想的投资收益，最终将大部分的投资收益以万能账户结算利率的形式回报保单持有人。

客户可以根据自身的需要调整保障和投资的比重。如果偏重保障功能，客户可以根据需要增加保额；如果偏重投资功能，客户可以降低保障额度，提高账户增值的速度，从而真正实现产品的“万能”功能。

（二）万能保险的特点

1. 账户式管理

保险公司为每一个购买了万能保险的保单持有人建立一个独立的万能账户。该账户是万能保险实现“万能”的平台，各项费用的收取、保障成本、投资收益、账户价值的核算等都是通过该账户实现的。保单持有人持有万能保险的利益就体现在对万能账户利益的所有权上，而保险公司对万能保险的管理实质上就是对万能账户的管理。

2. 缴费灵活

万能保险的保单持有人可以用灵活的方式来缴纳保险费，只要符合保单规定，保单持有人可以在任何时间缴纳不定额的保险费，只要保单的现金价值足以支付保单的相关费用，甚至可以不缴纳保险费。大多数保险公司仅规定第一次保险费必须足以包含第一个月的费用和死亡成本。由于万能保险不强迫投保人缴纳固定保险费，因此万能保险容易产生失效的风险。一般地，保险人会采取一些措施来控制这种风险。

从万能保险的运作来看，保单持有人在购买万能保险时需要按照合同的约定交付首期保险费，并从保险费中扣除各项费用成本、根据被保险人年龄和保额计算的死亡成本以及附加给付成本。扣除上述成本之后，剩余的部分就成为保单期初的现金价值。这部分现金价值按照一定的利率累计生息积累到期末，就成为第一期期末也就是第二期期初的保单现金价值。

在保单的第二个周期（通常一个月为一个周期），如果第二期期初的保单现金价值足以支付第二期的各项费用成本、死亡成本以及附加给付成本，那么保单持有人就可以少缴纳或者不缴纳保险费。但是，如果第二期期初的保单现金价值不足，且保单持有人未能续交保险费，那么保单就会失效。第二期期初的保单现金价值加上保单持有人缴纳的第二期保险费，扣除了当期的费用成本、死亡成本和附加给付成本之后，剩余的部分就成为保单第二期期初的现金价值。这部分现金价值按照一定的利率累计生息积累到期末，就成为第二期期末也就是第三期期初的保单现金价值。以后各期的运作周而复始，重复以上步骤。

3. 保险金额可调

万能保险的灵活性不仅表现在保险费的缴纳方式上，还表现在保单持有人可以根据自己的需要对保险金额进行调整。

万能保险提供两种死亡给付方式给投保人选择，保单持有人可以决定死亡保险金是固定不变还是随保单现金价值的变化而变化。这两种方式习惯上称为 A 方式和 B 方式。

A 方式是一种均衡给付的方式，在这种方式中（见图 4-1），死亡保险金固定不变，始终等于保额，即

死亡保险金 = 保险金额

净风险保额 = 死亡保险金-现金价值

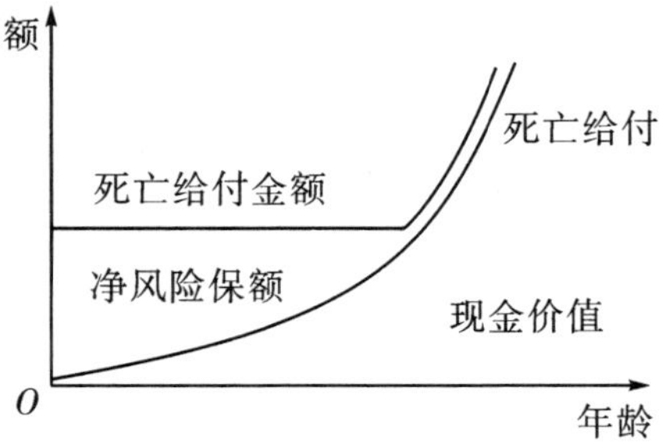

图 4-1　万能保险 A 方式示意图

这种方式与传统的具有现金价值的终身寿险相似，随着现金价值的增加，净风险保额相应减少。在这种方式下，为避免现金价值太高而超过规定的保额，一些保险公司规定了最低净风险保额。根据我国现行法规的规定，个人万能保险在保单签发时的死亡风险保额不能低于保单账户价值的 20%。

B 方式是死亡保险金随保单现金价值的增加而增加，即

死亡保险金 = 保险金额 + 现金价值

净风险保额 = 保险金额

在 B 方式下（见图 4-2），如果保单的现金价值增加，则死亡保险金的给付也将随之增加，反之亦然。

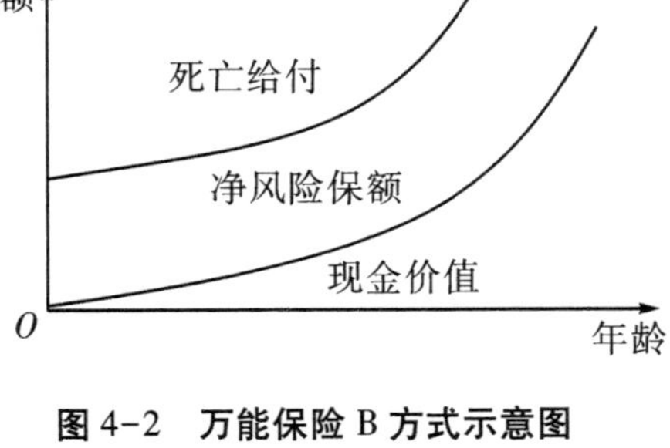

图 4-2　万能保险 B 方式示意图

4. 运作透明

万能保险为每一份保单单独设立账户，每一位保单持有人能明确知道保单的内部运作，投保前保险人会将各项费用成本、死亡成本以及保单的现金价值分别列示，客户投保后会定期向保单持有人寄送财务报告，明确告知各种费用的发生数额及变动情况，从而便

于客户进行不同产品间的对比，并监督保险公司的经营状况。

死亡费用是保险公司承担死亡风险保障收取的成本。一般地，万能保险保单规定按月收取死亡费用，费率根据被保险人的风险程度而增加。死亡费用等于净风险保额乘以保险费率。

费用成本主要包括：

（1）初始费用，即保险费进入万能账户之前扣除的费用。

（2）账户管理费，即为维护保险合同向投保人或被保险人收取的管理费用。

（3）手续费。保险公司可以在提供部分领取等服务时收取手续费，用于支付相关的管理费用。

（4）退保费用，即保单退保或部分领取时保险公司收取的费用，用以弥补尚未摊销的保单获取成本。

5. 提供持续奖金

万能保险可以提供持续奖金。持续奖金是保险公司对持续有效的保单或持续缴费的保单，满足合同约定条件时给予的奖金。保险公司应当在保险合同和产品说明书上明确说明持续奖金发放的条件及金额，一般不早于第五个保单年度。

（三）万能保险与分红保险的区别

1. 相同点

（1）两者都具有投资和保障的双重功能。万能保险与分红保险都属于投资型人寿保险，都具有保障和投资的双重功能。

（2）都具有平滑机制。经营分红保险的保险公司在每一个会计年度末只需将实际经营成果优于定价假设的盈余按照一定比例分配给保单持有人。在一般情况下，保险公司不会将每年产生的盈余全部分配给客户，而是会设立分红特别储备，将未分配的盈余逐年累积，用来平滑未来的红利水平、支付终了红利。通过合理运用分红保险的平滑机制，从长期来看，保险公司能使红利相对稳定，维护客户的合理预期，最终实现分红保险的长期稳定和健康发展。

经营万能保险的保险公司为每一位保单持有人建立单独的万能账户，并为该账户提供最低保证利率。保险公司凭借资金的规模效应和专业的投资团队取得较为理想的投资收益，通常最终投资收益以结算利率的形式回报保单持有人。为了规避实际投资收益率低于最低保证利率的风险，避免由于投资收益率波动过大导致结算利率波动超出客户的合理预期，保险公司在每个结算期间会将投资收益率高于最低保证利率的收益留存一部分作为平滑准备金。通过平滑机制，保险公司会在一定时期内维持结算利率水平的稳定。

2. 不同点

（1）核算方式不同。分红保险是保险公司将其实际经营成果优于定价假设的盈余，按一定比例以红利的形式分配给保单持有人。万能保险是将万能账户的投资收益通过增加账户价值的方式返还给投保人。

（2）管理的透明度不同。万能保险需要将收取的费用项目、比例均明示于条款之中，并按月公布结算利率。分红保险不需在条款上明示费用等信息，只需定期公布红利分配信息即可。

（3）操作的灵活度不同。分红保险的缴费与保额不能灵活调整，在精算方面与传统的寿险产品更为相似。万能保险灵活性较强，在保险费的缴纳、保额的调整、账户现金价值的提取等方面，客户具有较大的自由度。

三、投资连结保险

（一）投资连结保险的定义

投资连结保险是指包含保险保障功能并至少在一个投资账户拥有一定资产价值的人身保险产品。保单持有人购买了投资连结保险后，保险人将保险费扣除风险保险费、各项费用后，剩余部分转换为投资单位，转入保险公司为每一位保单持有人设置的独立投资账户，投资账户价值随着投资单位价格的变动而变化。投资连结保险在美国称为变额寿险，在英国称为单位基金连结保险，在加拿大称为权益连结保险，在新加坡和我国称为投资连结保险。

投资连结保险最早出现于西欧。1956 年，荷兰率先开办投资连结保险。之后，投资连结保险在英国、德国相继出现。法国和意大利也于 1970 年开始经营投资连结保险。1986 年 10 月，日本正式从国外引进了此险种。20 世纪 80 年代中期，投资型险种在美国寿险市场上风靡一时。1999 年 10 月 23 日，中国平安保险公司在上海推出国内首款投资连结保单——“平安世纪理财投资连结保险”。

（二）投资连结保险的特点

1. 风险和收益并存

投资连结保险兼顾保险产品的保障和储蓄功能，突出产品的投资功能。其最大的特点是投资连结保险没有约定的投资回报率保证，客户实际得到的投资收益由投资账户的投资绩效决定，具有较大的波动性。当投资表现不理想时，客户可能遭受一定的资产损失；而当投资收益率较高时，客户也可能享受高额回报。投资风险由客户完全承担，保险公司事先不向客户承诺投资账户的最低回报率，根据每年的实际投资收益给客户回报。相应地，投资收益也全部由客户享有。费差益是保险公司经营投资连结保险最大的利润来源。投资连结保险不仅有效地规避了利率风险，转移了保险公司的投资风险，而且由于兼具保障和投资功能，极大地提高了寿险产品的市场竞争力。

2. 独立账户，运作透明

保险公司将客户缴纳的保险费扣除了死亡成本和管理费用，剩余部分转入专门的投资账户。该账户是保险公司为保单持有人单独设立、单独管理的资金运用账户。进入投资账户的资金以投资单位数计算，进出账户时，参考保险公司当时公布的投资单位买入价和卖出价进行换算。在这个账户中，保险公司纪录投保人缴费、部分领取等资金的流入、流出情况，记录所有投资损益的变化情况。这一独立账户资产可以有效地将投资连结保险和保险公司其他资产分割，做到单独立账、单独管理、单独评估、单独核算，保证客户的切身利益。投资账户不承诺投资收益率，保险人只负责管理投资账户，保单的现金价值可能因账户收益不好而为 0。因此，在美国，投资连结保险被认为是一种有价证券产品，经营该险种的保险公司必须作为投资公司经纪商在美国证券交易委员会（SEC）注册，代理人也同样要在美国证券交易委员会注册，必须依据《美国联邦证券法》取得证券经纪人或交易商许可证和保险双重从业资格，才能销售该类产品。

独立账户为投资连结保险的透明经营提供了保证。客户缴纳的保险费按照条款中的项目、比例进行分配，客户还可以随时查询投资账户买入价、卖出价以及账户价值变化。保险公司定期评估投资账户资产价值，公布投资业绩，使客户全面了解保单信息，也便于监管机构的监督管理。

3. 保单灵活度高

投资连结保险的灵活度非常高，表现在保险费的缴纳、保险金额的调整和投资账户的转换等方面。

客户在支付了首期保险费后，可以按合同约定缴纳续期保险费，也可以少缴甚至不缴，只要保单现金价值足够支付保单的死亡成本和其余各项费用成本，合同就继续有效。保单持有人也可以根据自身保障需求调整保额。

4. 保障水平不固定

投资连结保险的保险金额由两部分构成：一部分是合同规定的基本保额，这部分不受保险公司投资业绩好坏的影响，通常会规定最低死亡给付金额；另一部分是变动的保险金额，随独立投资账户的投资收益的变化而变化。保单的死亡保险金和现金价值与保单持有人选择的投资账户的投资业绩直接挂钩，保障水平表现出一定的不确定性。

5. 提供持续奖金

和万能寿险一样，投资连结保险也可以提供持续奖金。持续奖金是保险公司对持续有效的保单或持续交费的保单，满足合同约定条件时给予的奖金。保险公司应当在保险合同和产品说明书上明确说明持续奖金发放的条件及金额，一般不早于第五个保单年度。

（三）投资连结保险与传统寿险的比较

投资连结保险与传统寿险的共同点是都具有基本的保险保障功能。但与传统寿险相比，投资连结保险存在以下几个方面的不同：

1. 险种功能不同

投资连结保险具有保障和投资双重功能，在为被保险人提供基本保障的同时，通过独立账户对投资人的资金进行运用，为客户提供投资服务。由于投资风险由客户承担，保险公司在投资方式的选择上相对自由，可以取得较多的投资收益。

传统寿险主要是为被保险人提供保险保障，保险金的给付额是确定的。保险公司的资金运用首要考虑安全性原则。

2. 保险费构成不同

传统寿险的保险费主要分为纯保险费和附加保险费。其中，纯保险费是保险公司为将来保险事故发生时要给付被保险人保险金而收取的成本；附加保险费则是为了保险公司经营管理所需的费用而收取的成本，包括新保单的获取费用和续期保单的维持费用以及其他营业费用。

投资连结保险的保险费分为保障、费用和投资三部分。保障费用，即死亡风险保险费，是指保险公司对所承担的保险责任收取的费用，其计算方法为死亡风险保额乘以死亡风险保险费费率。死亡风险保额是指有效保额减去保单账户价值。有效保额是指被保险人因疾病和意外等身故时，保险公司支付的死亡保险金额。保险公司应当在保险合同中约定死亡风险保险费费率的最高水平。

投资连结保险的保险费中的费用部分是保险公司经营投资连结保险利润的来源。其主要包括以下几项费用：

（1）初始费用，即保险费进入投资账户之前扣除的费用，主要用于弥补保单获取费用，如宣传、培训、广告、招聘、市场调研等前期投入的费用及用来支付业务员佣金。

（2）保单管理费，即为维护保险合同向投保人或被保险人收取的管理费用。保单管理费是一个与保单账户价值无关的固定金额，在保单首年度与续年度可以不同。

（3）资产管理费，即按账户资产净值的一定比例收取，一般用于账户资产交易、席位管理等费用。

（4）手续费，即保险公司在提供账户转换、部分领取等服务时收取的费用，用以支付相关的管理费用。

（5）买入卖出差价，即投保人买入和卖出投资单位的价格之间的差价，用以弥补由于资产购入与卖出而发生的费用。

（6）退保费，即保单退保或部分领取时保险公司收取的费用，用以弥补尚未摊销的保单获取成本。

投资连结保险的投保人缴纳的保险费扣除了上述保障成本和各项费用之后，剩余的部分就进入独立的投资账户进行投资增值。

3. 保障水平不同

投资连结保险的保障水平是不固定的，保单的死亡保险金和现金价值与保单持有人选择的投资账户的投资业绩直接挂钩，保障水平表现出一定的不确定性。

传统寿险的保障水平一般在投保时就已经确定，发生保险事故时，保险人按照保险合同的约定给付保险金，给付的金额不随保险公司投资收益的变化而变化。

4. 保单现金价值不同

投资连结保险的保单现金价值是保单独立投资账户中投资单位的价值总和，兑现时以保险公司公布的下一个资产评估日投资账户单位的卖出价计算，因此保单的现金价值是不确定的。

传统寿险保单的现金价值在保单出售时就已经确定了，在保险合同中会附上保单的现金价值表。

5. 风险归属不同

投资连结保险没有约定的投资回报率，投资收益直接取决于实际投资表现，随投资业绩的好坏而变化，投资风险由客户承担，收益也全归客户所有，保险公司只承担死亡风险和费用风险。

传统寿险产品则有约定的投资回报率。无论保险公司经营状况如何，保险公司都需要在保单签发时按约定的回报率，也就是保单的预定利率，向客户保证支付约定金额的保险金。但是，当保险公司实际投资回报率高于预定利率的，高出的部分收益归保险公司所有。因此，保险公司在承担死亡风险和费用风险的同时也承担投资风险，客户则不承担任何经营风险，只需缴纳固定的保险费，到期领取固定的保险金。

6. 透明度不同

投资连结保险在运作上是透明的。首先，保险费是“非捆绑”的，保险费的流向结构清晰，客户缴纳的保险费中有多少用于身故保障、多少用于保险公司经营费用都在条款中列明。其次，每个客户都拥有自己单独的投资账户，保险公司将定期公布投资账户的资产价值、各项费用收取标准等重要信息，使客户能够及时了解其在保险公司的资产状况。

传统寿险的运作不透明，保险费表现为所有费用之和。保险公司没有向客户披露保险费结构的义务，实际经营过程中的投资收益率、各项费用率等数据信息也都不向客户提供。

（四）投资连结保险与万能保险的区别

1. 投资的灵活度不一样

投资连结保险由于所有的投资风险都由保单持有人承担，因此保险公司在投资策略上相对比较激进，但保险公司通常会提供代表不同投资风格的投资账户供客户选择。例如，固定收益类投资占比较高的稳健型投资账户、权益类投资占比较高的进取型投资账户等，客户可以根据自身的风险承受能力、收入状况、年龄结构以及市场判断进行自由选择或组合投资。万能保险中保险公司往往只提供一个投资账户，客户不能根据自身需求进行选择，投资的灵活度相对较小。另外，由于万能保险具有平滑机制和最低保证利率的约束，保险公司在万能账户上的投资相对也会比较保守。

2. 投资账户价值的计算方式不一样

投资连结保险的账户价值根据投资单位数量与投资单位的卖出价确定，投资单位的卖出价直接反映投资连结保险的账户的投资回报情况，不存在平滑机制。万能保险的账户价值根据结算利率计算，但该结算利率是经过平滑后的利率，并不完全等于实际的投资收益率。因此，投资连结保险的账户价值波动性要远远高于万能保险。

3. 风险承担不一样

投资连结保险的投资风险由保单持有人全部承担，因此购买此类产品的客户的风险承受能力相对要求较高。万能保险由于保险公司有最低保证利率的承诺，因此保险公司承担了一部分投资风险。

4. 管理要求不一样

投资连结保险的单位价格核算、单位数管理、投资账户转换等比较复杂，而且结算频率高，这对保险公司内部系统管理的要求高于万能保险。由于客户承担的投资风险较高，因此对销售人员的素质、销售管理水平的要求也较高。

重要术语

定期寿险　终身寿险　逆选择　两全保险　分红保险　万能保险　投资连结保险

复习思考题

1. 人寿保险有哪些显著的特点?
2. 什么是定期寿险?定期寿险的特殊条款有哪些?
3. 什么是分红保险?红利的来源是什么?保险公司采取哪些方式分配红利?
4. 分红保险有哪些特点?
5. 什么是万能保险?万能保险有哪些特点?
6. 万能保险和分红保险有什么区别?
7. 简述万能保险的费用结构。
8. 什么是投资连结保险?其主要特点是什么?
9. 投资连结保险和万能保险有什么区别?

第五章　健康保险

学习目标

1. 了解健康保险的概念和特点
2. 熟悉健康保险的分类
3. 了解健康保险合同的常用条款
4. 掌握健康保险各险种的概念和特点

第一节　健康保险概述

一、健康保险的定义

人的一生面临的风险除了早逝风险和年老退休风险之外，还有一类就是健康风险。这种风险主要带来两种损失：一是医疗费用和额外费用的增加，二是劳动收入的减少或终止。健康保险补偿的正是这两种损失。健康保险是指以被保险人的身体为保险标的，对被保险人在保险期间内由于遭受疾病或意外事故导致伤害时的医疗费用和收入损失进行补偿的一种人身保险。

健康保险的内容庞杂，很难给它下一个严格的定义，不同国家对健康保险的界定也存在较大的差异。德国将健康保险定义为补偿因疾病和意外事故而导致的经济损失的险种，分为医疗费用保险、住院日额津贴保险和收入损失补偿保险三种类型。美国将健康保险定义为对被保险人的医疗服务需求提供经济补偿的保险，包括为疾病或意外事故导致工作能力丧失引起的收入损失提供经济补偿的失能保险，分为医疗费用保险、补充医疗保险、长期看护医疗保险、伤残医疗保险和管理式医疗保险五类。日本没有单独的关于健康保险的定义，而是采用“第三领域”的概念将健康保险包含其中。日本的《保险业法》中的“第三领域”是指约定对意外伤害和疾病给付一定金额的保险金，并对由此产生的该当事人受到的损害予以补偿，收取保险费的保险。根据该定义，常规意义上的意外伤害保险和健康保险都包含其中了，剔除意外伤害保险部分的险种，健康保险分为门诊保险、住院保险、疾病医疗保险、护理保障保险和收入补偿保险。我国于 2019 年出台的《健康保险管理办法》中将健康保险定义为“由保险公司对被保险人因健康原因或者医疗行为的发生给付保险金的保险”，主要包括医疗保险、疾病保险、失能收入损失保险、护理保险以及医疗意外保险等。

二、健康保险的特点

（一）承保风险的不易预测性

健康保险中的医疗保险和疾病保险都涉及许多医学上的技术问题，随着人类社会的发展，疾病的种类越来越多，承保风险具有变动性。再加上受医学技术的限制，对健康风险的估测难以准确把握。同时，随着医疗技术日益发展，医疗费用的支出水平不断提高，这当中既有合理的因素，也有不合理的因素，并且两者之间难以区分，这就进一步使得健康保险的风险不容易预测。

（二）保障范围的综合性

健康保险的保障范围较广，凡是不属于人寿保险、人身意外伤害保险的人身保险，都可以归为健康保险。疾病、生育、意外事故等造成残疾、死亡、医疗费用支出、收入损失都属于健康保险的保障范畴，因此健康保险属于综合性保险。

（三）经营的复杂性

健康保险经营的复杂性表现在以下两个方面：

1. 承保标准复杂

以“疾病”这种主要风险为例，保险公司在承保时既要根据投保人的告知考察被保险人既往病史，又要对被保险人的职业、居住地、家族病史等做详细的分析。在健康保险业务中，保险公司往往还有观察期的规定。

2. 影响健康保险保险费的因素复杂

这主要是因为：第一，决定健康保险费率的因素比其他人身保险多，主要包括患病率、疾病发生率、残疾发生率、疾病持续时间、利率、费用率、死亡率等，患病率、疾病发生率、残疾发生率通常与被保险人的性别、年龄、职业、生活习惯、家族病史、居住环境和当地医疗水平等因素相关，而这些因素还处于不断变化之中，很难进行可靠、稳定的测量。第二，由于健康保险承保内容的特殊性，保险公司确定保险费时对诸如医院的管理、医疗设备以及经济发展、地理环境等条件依赖性比较大，这些因素的变化都会给保险人对未来赔付的预测产生较大影响，进而给健康保险费率的确定带来一定的困难。

（四）健康保险合同的特殊性

健康保险的保险金赔付既有定额给付性的，也有补偿性的。医疗保险对被保险人实际支出的医疗费用进行补偿，存在重复保险的问题，适用代位求偿原则。

由于承保风险的变动性较大，风险不易预测，影响健康保险费率的因素从长期来看具有不稳定性，从而导致健康保险的经营风险较大。为了经营的稳定，健康保险合同多为短期合同，以一年期的为主。但是，为了提高对产品的吸引力，保险公司通常会在保险合同中增加续保条款。

健康保险一般不指定受益人，只有疾病保险中的死亡给付责任才需要指定受益人。

（五）容易引发道德风险

健康保险通常涉及三方当事人，即保险公司、被保险人和医疗服务提供者。在费用补偿型的健康保险中，道德风险来自被保险人和医疗服务提供者。由于医疗服务提供者和保险公司的经营目标不一致，在第三方付费的理赔制度下，医疗服务提供者往往被利益驱动或为了规避自身被诉讼的风险，容易诱导被保险人过度医疗。被保险人由于购买了健康保险，如果不能从保单项下获得期望的赔付，容易产生吃亏的心理，因此在寻求医疗服务过程中极易主动使用医疗资源，如小病大治、延长住院时间、要求医生多开药、开与疾病治疗无关的药等。

三、健康保险的分类

（一）按保障内容分类

我国于2019年出台的《健康保险管理办法》将健康保险分为以下五类：

（1）医疗保险，即按照保险合同约定为被保险人的医疗、康复等提供保障的保险。

（2）疾病保险，即发生保险合同约定的疾病时，为被保险人提供保障的保险。

（3）失能收入损失保险，即以保险合同约定的疾病或意外伤害导致工作能力丧失为给付保险金条件，为被保险人在一定时期内收入减少或中断提供保障的保险。

（4）护理保险，即按照保险合同约定为被保险人日常生活能力障碍引发护理需要提供保障的保险。

（5）医疗意外保险，即按照保险合同约定发生不能归责于医疗机构、医护人员责任的医疗损害，为被保险人提供保障的保险。

（二）按投保方式分类

（1）个人健康保险。个人健康保险以单个自然人为被保险人。

（2）团体健康保险。团体健康保险以法人为投保人，团体成员为被保险人。

（三）按赔付方式分类

1. 定额给付型

定额给付型健康保险的合同双方当事人事先约定，当被保险人罹患约定疾病或采用约定的治疗方式时，保险公司一次性定额给付保险金，保险合同终止。这种类型的健康保险一般不需要被保险人提供医疗费用凭证，与社会基本医疗保险的费用支出也不矛盾，对保险公司而言风险相对容易控制。

2. 费用补偿型

顾名思义，费用补偿型健康保险就是对被保险人实际支出的各项健康费用损失直接进行补偿，在保险金额范围内由保险公司报销，又称报销型健康保险。

3. 提供服务型

提供服务型健康保险是指健康保险组织向参保人直接提供医疗服务，并由其向提供服务的医生和医院支付报酬、报销费用，参保人在接受了医疗服务后不需要（或仅少量）支付医疗费用。

（四）按承保标准分类

1. 老年健康保险

老年健康保险就是对身体健康但超出正常投保年龄的老年人提供的健康保险。这类保险弥补了年龄限制的不足，既为老年人提供了健康保障，又扩大了被保险人的范围。

2. 特种风险健康保险

特种风险健康保险承保一般健康保险中被列为除外责任的风险，保险公司通过定制特定条款，采用特定费率承保。

3. 弱体健康保险

弱体健康保险又称次健体健康保险，是指对没有达到标准条款规定的身体健康要求的被保险人提供保险保障，往往通过提高费率或重新规定承保范围予以承保。

（五）按组织性质分类

1. 商业健康保险

商业健康保险是指由营利性的商业保险公司经营的健康保险。投保人与保险人在自愿的基础上订立保险合同，当被保险人因疾病或遭受意外伤害事故导致死亡、伤残、支出医疗费或收入损失时，由保险人承担赔付保险金的责任。

2. 社会健康保险

社会健康保险是国家通过立法的形式，采取强制手段，对劳动者因患病、生育、伤残等原因支出医疗费用、护理费用或收入损失给予补偿的社会保障制度，不以营利为目的。

3. 管理式医疗

管理式医疗是美国健康保险采取的主要形式，是一种将医疗服务的筹资和医疗服务提供相结合的管理方式，通过事前预防达到降低医疗成本、提高医疗服务效率的目的。其组织形式主要有医疗保健组织、优选医疗服务组织等。

4. 自保计划

自保计划是指雇主通过全部或部分筹集资金的方式为其雇员提供医疗保险并承担全部或部分理赔风险。

第二节　健康保险合同常用条款

保险条款是保险合同中规定当事人之间权利和义务的条文。健康保险常用条款则是在健康保险合同中对某些事项的规定，这些规定被经常采用，但并不是非用不可。在一份健康保险合同中，保险公司通常根据其承保对象、承保责任等决定采用哪一种或哪几种健康保险条款。

一、一般条款

一般条款是指个人健康保险和团体健康保险共同采用的条款。一般条款主要包括以下内容：

（一）体检条款

根据该条款的规定，保险人被允许指定医生对提出索赔的被保险人进行体格检查，目的是使保险人对索赔的有效性做出鉴定。体检条款适用于疾病保险、残疾收入补偿保险。在此类保单中，体检条款要求被保险人接受定期检查，以确定被保险人是否仍然丧失工作能力。

（二）宽限期限条款

《中华人民共和国保险法》第三十六条规定："合同约定分期支付保险费，投保人支付首期保险费后，除合同另有约定外，投保人自保险人催告之日起超过三十日未支付当期保险费，或者超过约定的期限六十日未支付当期保险费的，合同效力中止，或者由保险人按照合同约定的条件减少保险金额。被保险人在前款规定期限内发生保险事故的，保险人应当按照合同约定给付保险金，但可以扣减欠交的保险费。"

（三）复效条款

复效条款规定，在一定条件下，保险公司可以根据被保险人的申请，将过了宽限期限仍不能缴纳续期保险费的失效保单复效。保单复效要满足以下条件：

（1）经体检被保险人必须符合承保的要求。其一般有两种情况：一是同意复效，二是附加额外保险费。

（2）补缴逾期保险费。

对复效后的保单，其保险责任仅限于自复效之日起所发生的保险事故。

（四）不可抗辩条款

不可抗辩条款规定，保单生效一定年限后，保险条款则成为不可抗辩条款，保险公司不能因保单中的重大不实告知而取消保险合同或拒绝赔付。

二、个人健康保险条款

个人健康保险特有的条款，有的虽然与团体健康保险的条款的名称相同，但具体规定却不一样。个人健康保险条款主要如下：

（一）可续保条款

可续保条款规定了健康保险合同续保的条件以及保险人续保时增加保险费的权利。根据续保条件的不同，个人健康保险合同可以分为以下五类：

1. 可撤销合同

这种合同允许保险人在保险期间以任何理由解除保险合同、变更保险费或变更保险责任范围。保险人只需向被保险人发出通知，保险合同即被解除，但对解除合同前已经发生但尚未处理完毕的保险事故，则仍按原来合同规定的条件承担责任。这种合同的优点是保险人承担的风险小，因此其成本低，对承保条件的要求也不甚严格。

2. 不可撤销合同

这种合同通常规定被保险人在到达约定年龄之前，只要投保人持续缴费，合同就一直有效，保险人不得以任何理由取消和变更保险合同，比如提高保险费率。残疾收入保单通常是不可撤销的，而医疗费用保单很少是不可撤销的。这种合同由于保险人承担的风险大，因此成本也高。

3. 选择性续保合同

这种合同规定，保险人可以在某些约定日期（通常是保单生效对应日或保险费到期日）拒绝续保。续保时保险公司只能针对同类保单增加保障的限制条件、提高保险费率或拒保。所谓同类保单，是指某一险种的所有保单，或者对某一组特定的被保险人签发的所有保单，如在某一地区所有的同类有效保单、对某一特定年龄的被保险人签发的所有保单。

4. 有条件续保合同

这种合同规定，保险人只能根据合同载明的特定理由（通常是被保险人的年龄和职业状况）拒绝续保，而不能与被保险人的健康状况有关。在这种合同之下，保险人一般要按期续保合同，直至达到某一特定的时间或年数，如承保 10 年以上，或者被保险人年龄达 50 岁。

5. 保证续保合同

这种合同规定，只要被保险人按期缴纳保险费，保险人就必须在被保险人达到保单约定年龄之前（通常为 65 岁或更高）续保。但在每次续保时，保险人可以根据被保险人的年龄调整费率或变更保险责任，不过必须针对同类所有的保单。

（二）既存状况条款

既存状况条款明确规定，在保单生效的约定期间内，保险人对被保险人的既往症不负给付保险金的责任。既往症是指在保单签发之前就已经存在，但未在投保单中如实告知的伤残或疾病。根据既存状况条款的规定，被保险人因既往症而发生属于保险责任范围内的损失，只有保单生效两年以后，保险公司才负责给付保险金。

既存状况条款与不可抗辩条款有一定的内在联系。有些时候，未在投保单中告知的症状适用于不可抗辩条款。例如，投保人在投保时未告知的症状在投保两年内被发现属于重大不实告知，保险人可以解除保险合同。保单生效满两年后，保险公司不得以重大不实告知而解除合同。但是，如果未告知的事实属于小毛病，如偶尔厌食、失眠等，则适用于既存状况条款。

设计既存状况条款的目的是防止逆向选择，避免那些得过某些疾病，或者已经治好又可能复发，或者正在治疗之中又未痊愈的人，通过购买健康保险获得保险给付。通常，保单规定被保险人必须告知保单签发前两年甚至更多年内所患过的疾病。

（三）理赔条款

理赔条款明确规定，保险人有迅速理赔的义务，索赔申请人有将事故及时通知给保险人的义务。在美国，理赔条款规定，保险人接到被保险人遭到损失的证明和通知后，应立即支付赔款。在加拿大，理赔条款规定，保险人收到被保险人医疗证明后，60 天内支付保险金；收到丧失工作能力所得损失证明后，30 天内支付保险金。《中华人民共和国保险法》第二十三条规定，保险人收到被保险人或者受益人的赔偿或者给付保险金的请求后，应当及时做出核定。对属于保险责任的，保险人在与被保险人或者受益人达成赔偿或者给付保险金的协议后十日内，履行赔偿或者给付保险金义务。保险人未及时履行规定义务的，除支付保险金外，应当赔偿被保险人或者受益人因此受到的损失。

（四）职业变更条款

职业变更对被保险人的发病率和遭受意外伤害风险有直接影响。职业变更条款规定，如果被保险人转换到一个风险更高的职业，那么保险公司可以在不改变保险费率的前提下，降低保险金额。反之，如果被保险人转换到一个风险较低的行业，那么保险公司在不改变保险金额的情况下，降低保险费率。

（五）超额保险条款

超额保险条款设置的目的是防止被保险人在疾病或残疾后因保险赔付而获利。

超额保险包括以下两种情况：一是被保险人拥有数张医疗费用保单造成重复保险，以致领取的医疗保险金超过实际发生的医疗费用；二是被保险人拥有一张或数张残疾收入保单，获得的残疾收入补偿超过被保险人残疾之前的收入。

对超额保险，保险公司在减少保险金额时，退还超额保险的保险费部分。

三、团体健康保险条款

团体健康保险与个人健康保险相比，突出的特点是保险费较低，给付方面也具有多样性与广泛性。团体健康保险提供和个人健康保险相类似的医疗保障，如住院、手术、高额医疗费用保险，长期或短期残疾收入给付。除此之外，国外的团体健康保险还提供一些个人健康保险所没有的保障，如牙齿医疗、处方买药等。

团体健康保险条款主要如下：

（一）既存状况条款

既存状况条款规定，保险人对被保险人的既存状况不承担给付保险金的责任，除非被保险人享受保险保障已达到约定的期限。例如，对某一既存状况，某团体健康保险合同约定，如果被保险人已经连续 3 个月未因此而接受治疗，或者参加团体保险的时间已达 12

个月，则该症状不再属于既存状况，由此发生的费用可以得到保险公司的补偿。

（二）转换条款

转换条款主要针对医疗保险，允许团体健康保险的被保险人在离开团体时如果购买个人医疗保险，不需要提供可保证明。对被保险人这种权利的限制是不得进行重复保险，否则保险公司拒签新保单。将团体健康保险转换为个人健康保险时，被保险人通常要缴纳较高的保险费，在保险金给付上也会增加一些限制。

（三）协调给付条款

协调给付条款设置的目的主要是防止拥有双重团体医疗保险的被保险人在发生保险事故后获得双重保险金赔偿。在美国，协调给付条款规定了优先给付计划的团体健康保险和第二给付计划的团体健康保险。当被保险人索赔时，优先给付计划必须首先赔付其承诺的全部保险金，当其支付完承诺的全部保险金之后，被保险人即可向第二给付计划提出索赔，与此同时需要说明优先给付计划的赔付金额。之后，第二给付计划再按照协调给付条款给付进行赔偿。

协调给付条款的具体做法如下：第二给付计划首先计算被保险人在保险金额之内的合理医疗费用以及其如果作为优先给付计划时的应付金额。之后，第二给付计划核对优先给付计划的给付金额。如果优先给付计划的给付金额不是被保险人花费合理医疗费用的全部，那么其差额部分由第二给付计划承担。这样，对于被保险人来说，其就无须承担保险范围内的任何医疗费用，从而提高了保障程度。

例如，约翰有两张团体医疗保险计划，两者都包含有协调给付条款，每一份保单都规定了300美元的自负额和20%的自付比例。约翰患病住院支出合理医疗费用6 000美元，则优先给付计划应赔付的保险金为：

应赔付的保险金$=(6\ 000-300)-(6\ 000-300)\times 20\%=4\ 560$（美元）

第二给付计划应赔付的保险金$=6\ 000-4\ 560=1\ 440$（美元）

可见，第二给付计划给付的金额正是优先给付计划中让被保险人自负和分担的数额。在上面的案例中，第二给付计划赔付的保险金1 440美元正好等于被保险人应当承担的免赔额与自负部分之和，即$300+(6\ 000-300)\times 20\%=1\ 440$（美元）。如果没有第二给付计划，被保险人将自己承担一部分医疗费用。如果没有协调给付条款，则第二给付计划也将给付被保险人4 560美元。

协调给付条款还有一种情形，即所谓的不重复给付条款。该条款规定，如果第二给付计划作为优先给付计划时的应赔付金额高于优先给付计划的已赔付金额，则第二给付计划的应赔付金额为两者之间的差额；否则，第二给付计划不赔付。

仍以上例为例，假设第二给付计划包含不重复给付条款。优先给付计划已给付被保险人 4 560 美元保险金，因为第二给付计划作为优先给付计划应给付的金额与优先给付计划相等，所以不必给付保险金（如果其中某张保单的自付额为 10%，则第二给付计划要支付差额）。

在被保险人拥有两份团体保险计划时，究竟哪份作为优先给付计划呢？对此，协调给付条款一般规定，两份保险合同中如果其中一份不包含协调给付条款，则它作为优先给付计划，另一份自然就是第二给付计划。如果两份都包含协调给付条款，则被保险人以雇员身份而不是以受抚养者身份享受保障的团体计划作为优先给付计划。当受抚养者拥有多份团体健康保险保障时，确定优先给付的方法有两种：第一种方法是生日规则，即在日历年度内，生日较早的雇员享有的计划就是受抚养者的优先给付计划。第二种方法是将男性雇员享有的计划作为受抚养者的优先给付计划。例如，玛丽和约翰夫妇双方的雇主都为他们全家提供了团体医疗保险，假如两份保单都包含协调给付条款，则约翰的优先给付计划是其雇主为其提供的保单，玛丽的雇主为其提供的保单为第二给付计划。

英国和加拿大的团体健康保险大多都采用协调给付条款，这与其普遍拥有多重团体医疗保险有关。协调给付条款可以防止享有多种团体医疗保险的被保险人获取的保险金超过其实际的医疗费用，避免因购买保险而不当得利。

（四）不可抗辩条款

不可抗辩条款规定，保单生效一定年限后，该保险合同则成为不可抗辩合同，保险公司不能以投保人在投保时有误告、漏告和隐瞒为理由而主张解除保险合同或拒绝给付保险金。

第三节　医疗保险

一、医疗保险的定义

医疗保险是健康保险最重要的险别之一，我国于 2019 年出台的《健康保险管理办法》将医疗保险定义为按照保险合同约定为被保险人的医疗、康复等提供保障的保险。2019 年，国家市场监督管理总局和中国国家标准化管理委员会联合发布的《保险术语国家标准》（GB/T 36687—2018）中对医疗保险是这样界定的：以保险合同约定的医疗行为发生为给付保险金条件，按约定对被保险人接受诊疗期间的医疗费用支出提供保障的健康保险。医疗保险是医疗费用保险的简称，是为医疗费用提供保障的保险，被保险人投保医疗保险的目的在于补偿医疗费用的支出。

二、医疗保险的特征

相对于其他人身保险而言，医疗保险具有以下几个特征：

（一）出险频率高、保险费率高

疾病是人类生存面临的最大风险之一，许多人每年都会因疾病需要寻求医疗服务。当然，并不是一患病就必须到医院或诊所接受医生的治疗，某些患者小病微恙，自己服几片药就可以治愈，而某些患者虽然病情稍重，但可能因为离医院较远或支付能力不足而放弃就医。即便如此，因病需要治疗的人数还是非常多，由此决定了医疗保险具有高出险频率、高损失频率的特点。这一特点又决定了医疗保险费用总额远远大于其他保险，保险费率自然也会高出其他保险许多。

（二）损失频率不稳定、损失幅度不稳定

一个区域内某一时期人群的发病率、患病率、住院率以及门诊住院医疗费等指标虽然可以依据历年的统计资料做出粗略的预测，但由于它们受诸如自然灾害大面积发生、传染病突发、气候的急剧变化等许多因素的影响，因此很难预测准确，一旦出现不利情况，保险公司将会发生大面积亏损。

一方面，医疗条件的改善导致医疗费用的增加；另一方面，医疗技术的日益发展、医疗器械的不断更新导致医疗费用不断上涨。因此，从长期来看，医疗保险损失频率和损失幅度呈递增趋势。

（三）保险费率厘定误差较大

医疗保险费率厘定的直接依据是患病率、住院率以及治疗疾病支出的费用，这些数据受性别、年龄、职业等因素影响，不易准确掌握。保险公司即使已经积累了一定的统计资料，也不一定能完全掌握规律。再者，医疗保险涉及不少医学上的技术问题，情况复杂，尤其是后果难以估计。这些因素都加大了医疗保险费率厘定的不准确性。

（四）易发生道德风险

相较于其他人身保险产品，医疗保险的道德风险发生率较高，主要有两个方面的原因：一是各医疗环节上的技术问题，如被保险人患病治疗可以选择的治疗方案不是唯一的，而不同的治疗方案的费用开支相差甚大；二是医疗及有关环节上的问题，如医生“开人情方”、借机多开药、出具假证明，被保险人小病大养、冒名顶替、涂改发票。对此，保险公司因存在专业技术的障碍而无法一一核定其合理性，如果努力扩大调查范围和增加

核查人员以核定其合理性，又会造成经营成本的增加。道德风险目前依然是世界范围内的难题，它的存在极大地阻碍医疗保险的健康发展。

目前，医疗保险实行的是第三方付费制度，即被保险方向保险方缴纳保险费，医疗机构为被保险方提供医疗服务，保险方向医疗机构支付医疗费用。第三方付费制度使得被保险方几乎没有动机去关心或监督医疗服务和成本，并有可能出现被保险方因为医疗服务的边际成本下降而对医疗服务的过度需求和过度使用从而产生道德风险。保险方与医疗服务机构之间是一种委托-代理关系。作为相互独立的利益主体，保险方（委托人）和医疗服务提供方（代理人）的利益与行为目标存在着较大差异，并且相互之间存在严重的信息不对称，由此产生了委托-代理理论中经典的“代理人问题”，也就是道德风险问题。因此，医疗费用控制的关键是降低道德风险，既要降低被保险方的道德风险，又要规避医疗机构的道德风险。

三、医疗保险的内容

（一）保险期间和责任期限

保险期间是保险人对保险合同约定的保险事故造成的损失承担赔偿给付责任的时间段。在此期间内发生保险事故，保险公司应当承担赔偿或给付保险金责任。责任期限是指被保险人自患病之日起的一定时间段，如果被保险人患病治疗并超出保险期间，则保险人只负责被保险人在责任期限内因治疗所支出的医疗费用。

保险期间与责任期限不同，又与责任期限密切相关。只有当保险事故发生在保险期间内时保险合同才有可能考虑责任期限。如果被保险人在保险期内患病治疗且在保险期间内治愈出院，则不需要考虑责任期限。如果被保险人在保险期内患病，在保险期间结束时仍然没有结束治疗，则从患病之日起且不超过责任期限内花费的医疗费用由保险公司提供补偿。

确立责任期限，既为被保险人提供了较为充分的保障，又为保险人构筑了一道不至于承担过大责任的屏障。责任期限可以依具体情况定为 90 天、180 天、360 天，而以 180 天为多。

（二）保险金额

医疗保险一般采取以下几种方式确定保险金额：

1. 规定总保险金额

规定总保险金额是指投保双方约定在保险期内发生保险事故时累计赔付的最高限额。无论被保险人一次还是多次患病治疗，只要支出的医疗费用不超过总保险金额，保险公司都要进行赔付，超过此金额时则停止。

也有的医疗保险合同在总保险金额（每年的最高给付限额）下还另外规定每次保险事故的最高给付限额、每个责任项目的最高给付限额。

2. 规定每次门诊的保险金额

在单独开办的门诊医疗保险或包括门诊医疗赔付责任的医疗保险中，保险人在保险合同中约定每次门诊治疗的最高赔付金额。例如，每次门诊医疗费最高给付金额为 300 元，如果被保险人支付的医疗费在此数额之内则实报实销，超出部分则由被保险人自己负担。

3. 规定日均住院金额

单独开办的住院医疗保险中，保险公司规定如果被保险人在保险期间内患病，在责任期内住院治疗，其住院期间每天支出的医疗费在规定限额内，保险公司按实际发生额赔付，超出部分由被保险人自己负担。

4. 即时限额补偿

这种方式的特点是在保险期间内，保险人只负责承担被保险人一定天数的住院医疗费用。例如，保险人在一年内只为被保险人提供 60 天的住院费用补偿。

（三）保障项目

医疗保险主要是为被保险人支出的医疗费用提供保险保障，为了控制保险人经营风险，最终减轻投保人的保险费负担。很显然，医疗费用保险提供的保险保障不可能无止境，在保险合同中保险人往往要明确规定医疗费用的赔付范围。

被保险人在治疗过程中花费的医疗费用范围广泛，有治疗疾病的直接费用，包括药费、手术费等；有治疗疾病的间接费用，包括住院费、膳食费等；有与治疗疾病不相关但患者必须支出的费用，包括假肢费、整形整容费等。对于这些费用，究竟哪些应该列入保障范围，哪些应作为除外责任不予赔付，在保险合同中必须明确列明。总的原则是，直接费用予以负责，间接费用可以负责也可以不负责，无关费用不予负责。

（1）应予负责的直接费用包括药费、手术费（包括麻醉师费和手术室费）、化疗费、诊断费、专家会诊费、输血输氧费、检查费（包括心电图费、CT 检查费、核磁共振费）、拍片透视费、理疗费、处置费、换药费以及因施行 X 光疗法、放射疗法而支付的费用。

（2）可负责也可不负责的间接费用包括住院床位费、取暖费、家属陪护费、异地治疗交通费。这些费用是治疗疾病所需要的，但占被保险人费用支出比重较小，如果保险人支付这些费用，被保险人获得的保障会更加充分，但负责这部分费用会加重投保人的保险费负担。

（3）不予负责的无关费用包括病人伙食费，滋补药品费，购买残疾用具费，装配假肢、假牙、假眼费，整形整容费。

不予负责的费用，在保险合同中一般以除外责任的方式采用列举法加以表示。不同的保险公司有不同的医疗保险，其除外责任的范围也不大相同。

（四）医疗费用分担

在医疗保险合同中，被保险人往往需要承担一部分医疗费用。这样做，一方面能够有效避免发生道德风险的，另一方面有助于减少不必要的费用支出，为保险人降低费率创造条件。医疗保险合同中一般采用以下几种方式分担医疗费用：

1. 免赔额

免赔额是保险合同中约定的，保险人不负赔偿责任而由被保险人自行承担损失的数额。当被保险人就医时，医疗费用如果在免赔额以内，则由被保险人自付，超过免赔额的部分才由保险公司赔偿。在医疗保险中设置免赔额的主要目的是控制道德风险，减少医疗资源的浪费。如果被保险人无原则地过多支出医疗费，这既损害了保险公司的利益，也损害了自己的利益。设置了免赔额以后，被保险人会有可能主动地督促医疗服务单位尽量避免不必要的医疗费用支出。小额的医疗费用由被保险人自行承担，还能降低保险公司小额理赔成本，从而最终减少投保人的保险费支出。医疗保险一般采用绝对免赔额的形式。

在绝对免赔额方式下，被保险人支出的医疗费用只有超过免赔额才能得到赔付，赔付的金额为超过免赔额部分与除外医疗费用的差额，用公式表示为

保险公司赔付金额=（实际医疗费用支出-除外医疗费用支出）-免赔额

绝对免赔额又分为单次免赔额和年度免赔额两种。单次免赔额是指每次就诊都会设置免赔额；年度免赔额是指保单年度内累计免赔额。目前，多数医疗保险产品采用单次免赔额。

2. 给付比例

给付比例是指保险人给付的医疗保险费占被保险人实际支出的医疗费用的比例。采用按比例给付的方式分摊医疗成本，既保障了被保险人的经济利益，又促使被保险人节约医疗费用，有助于被保险人精打细算。这种费用分担方式的特点是被保险人与保险人各方始终都承担一定比例的医疗费用。一般来说，总费用越低，自负比例越高。根据卫生经济学需求价格弹性理论，给付比例能够改变医疗费用的分布。如果自负部分定得太低，则医疗服务利用的价格弹性较小，医疗消耗会很高，医疗费用也会很高，道德风险发生的概率就会大大增加。反之，如果自负部分定得太高，又会增加医疗保险需求者的心理压力，影响其经济承受能力，从而不利于医疗保险业的发展。保险公司规定给付比例时，一般应本着以下原则：

（1）门诊医疗费用的给付比例应适当低于住院医疗费用的给付比例。

（2）住院医疗费用的给付比例应采用差额累进制，即被保险人花费的医疗费用越多，则给付的比例越高，反之则越小。这样做的目的在于避免被保险人因大额医疗费用而无力负担、因病致贫或返贫。

大多数医疗保险合同同时采用免赔额和比例给付两种医疗费用分担方法，即对超过免赔额以上的医疗费用采用按比例给付的方式。

3. 限额给付

在医疗保险中，保险公司一般会在合同中规定医疗保险金的最高给付金额。如果医疗费用实际支出超过最高限额部分，超出的部分则由被保险人自己负担。保险人通过采用这种方法以控制医疗费用总支出水平。

4. 设置观察期

在健康保险中，保险合同一般都设置观察期（又称等待期），即在保险合同生效后的这一段时期内，被保险人发生保险事故保险人不承担保险责任。设置观察期的主要目的是防止被保险人带病投保。医疗保险的观察期一般为 30～90 天，疾病保险的观察期一般为 180 天，意外医疗保险一般不设观察期，续保也不存在观察期。

（五）医疗保险的种类

1. 按照保险金给付性质划分，医疗保险可以分为定额给付型医疗保险和费用补偿型医疗保险

（1）定额给付型医疗保险。定额给付型医疗保险又称津贴型医疗保险，是指按照保险合同约定的金额给付保险金的医疗保险。保险金的给付不以被保险人实际支出的医疗费用为依据。定额给付型医疗保险的风险比较容易控制，理赔效率高，理赔纠纷相对较少。

（2）费用补偿型医疗保险。费用补偿型医疗保险是保险人根据被保险人实际支出的医疗费用进行赔付的医疗保险。投保人在投保时要根据被保险人是否拥有公费医疗、社会基本医疗保险的情况，在保险条款、费率和赔付标准方面选择合适的医疗保险产品。

2. 按照保障责任划分，医疗保险可以分为基本医疗费用保险、高额医疗费用保险和特种医疗费用保险

（1）基本医疗费用保险。基本医疗费用保险包括住院医疗保险、门诊医疗保险、手术费用保险和综合医疗保险。

① 住院医疗保险。住院医疗保险是指对被保险人在住院期间支出的医疗费用进行补偿的医疗保险。保险公司一般负责住院期间的床位费、治疗费、检查费、医药费、杂费等。为了避免被保险人不合理地延长住院时间，住院医疗保险一般规定了每日的住院给付

金额、最长的给付天数、免赔天数等。

② 门诊医疗保险。门诊医疗保险是对被保险人门诊支出的医疗费用进行赔偿的医疗保险。保险公司负责赔付的费用一般包括医药费、检查费、化验费等。由于门诊医疗的发生比住院医疗的发生频率高，单项的费用支出金额小，需要进行理赔审核的项目多，费率更难以确定，道德风险也更难控制，因此门诊医疗保险的经营难度比住院医疗保险要大。目前的医疗保险，尤其是个人的医疗保险中，主要针对住院医疗费用进行补偿，最多仅包含住院前后一定时间内（如 7 天）的门（急）诊费用。门诊医疗保险多以团体保险的形式出现。

③ 手术费用保险。手术费用保险是为被保险人支出的外科手术费用提供报销保障的医疗保险。

④ 综合医疗保险。综合医疗保险是对被保险人在门诊、住院和做手术发生的医疗费用支出提供保险保障的医疗保险。

（2）高额医疗费用保险。高额医疗费用保险是对被保险人因疾病或意外事故导致的高额医疗费用进行赔付的医疗保险。高额医疗费用保险为被保险人提供保障范围更广、保障程度更高的保险保障。

（3）特种医疗费用保险。特种医疗费用保险是对被保险人因特种疾病而支出的医疗费用进行补偿的医疗保险，包括牙科费用保险、眼科保健保险等。

① 牙科费用保险。牙科费用保险为牙齿的常规检查、牙病预防及龋齿、口腔疾病治疗提供费用补偿。该险种在发达国家十分普遍。

② 眼科保健保险。眼科保健保险为被保险人提供眼科检查和视力纠正而发生的医疗费用进行补偿，具体包括常规眼科检查费用，眼镜片、眼镜架和隐形眼镜的费用。

第四节　疾病保险

疾病保险是指以保险合同约定的疾病作为给付保险金条件的健康保险。保险公司理赔时无须考虑被保险人是否实际支出了医疗费用。疾病保险属于定额给付性的保险。疾病保险主要包括重大疾病保险、特种疾病保险等。在保险实务中，重大疾病保险占疾病保险产品的比重最大，本节主要介绍重大疾病保险。

一、可保疾病的条件

疾病保险以保险合同约定的疾病作为给付保险金条件，但需要注意的是，并非所有的疾病保险公司都可以承保。可保疾病需要满足以下三个条件：

（一）必须是明显的非外来原因造成的

明显的非外来原因造成的损失，是区分疾病保险和人身意外伤害保险的重要标准。如果是由于外来原因造成对被保险人身体的伤害和医疗费用的支出，由人身意外伤害保险保障；如果是由于被保险人身体内在原因引发，出现各种病理表现，则由疾病保险保障。在现实生活中，很多疾病虽然是外部原因长期影响导致的结果，比如环境污染、食品污染、气候变化等，但这些外部因素会在身体内部经过一段时间的沉淀引起身体内部的各种物理、化学反应，才会诱发和形成疾病，与外来的伤害具有一定区别。

（二）必须是非先天性原因造成的

疾病保险承保的是被保险人在保险期间罹患的疾病，也就是说在投保时被保险人必须是健康的。先天性的疾病在被保险人投保时已经存在，如先天性心脏病、内脏位置异常、先天性失明等，因此不属于疾病保险的承保范围。

（三）必须是非规律性的生活现象造成的

疾病保险承保的是一种不确定风险。也就是说，在保险期间内，被保险人是否会罹患疾病、会患何种疾病、何时罹患疾病都必须是不确定的。个体生命周期发展过程中常规的肌体衰老，如记忆力衰退、年老体衰等，都属于正常生理现象，因此不属于疾病保险的承保责任范围。

二、重大疾病保险

（一）重大疾病保险的定义

19 世纪 80 年代，重大疾病保险开始萌芽。1886 年，瑞士的保险公司开始对重大疾病进行承保，当时的重大疾病主要是急性传染病，因此保险责任是对急性传染病导致的死亡进行赔付。20 世纪 60 年代，美国的健康保险开始将癌症列入保险责任范围。20 世纪 80 年代，以色列的寿险公司对冠状动脉疾病治疗进行全额赔付。1983 年，真正意义上的重大疾病保险在南非问世。南非的外科医生马里优斯-巴纳德最先提出这一创意。他的哥哥克里斯汀-巴纳德是世界上首位成功实施了心脏移植手术的医生。马里优斯医生发现在实施了心脏移植手术后，部分患者及其家庭的财务状况已经陷入了严重的危机，有的甚至无法继续后续康复治疗。因此，为了缓解病人的这种经济压力，马里优斯医生和一家保险公司共同开发了重大疾病保险，当时保障的疾病仅有癌症、脑血管意外、心脏病以及冠状动脉手术四种，而且必须搭配寿险、永久全残保险、意外伤害保险和疾病保险。1986 年以后，重大疾病保险被逐步引入英国、加拿大、澳大利亚、东南亚等国家，并得到迅速发展。

1995 年，重大疾病保险被引入我国，首次推出个人附加定期重大疾病保险，提供包括心肌梗死在内的七种重大疾病的保障。经过 20 多年的发展，重大疾病保险就已成为我国人身保险市场上最重要的保障型产品之一。2007 年 4 月，中国保险行业协会与中国医师协会合作推出了我国第一个重大疾病保险的行业规范性操作指南——《重大疾病保险的疾病定义使用规范》(以下简称《使用规范》)。《使用规范》对重大疾病保险进行了定义，即对被保险人在保险期间内发生保险合同约定的疾病、达到保险合同约定的疾病状态或实施了约定的手术时给付保险金的健康保险。

在重大疾病保险中，承保 18 周岁以上的成年人的业务量最大。因此，《使用规范》参考国内外成年人重大疾病保险发展状况并结合现代医学进展，规定保险公司若以“重大疾病保险”命名，该产品的保障范围必须包括 25 种重大疾病中发生率最高的 6 种疾病。《使用规范》对重大疾病保险产品中最常见的 25 种疾病的表述进行了统一和规范。2020 年，中国保险行业协会与中国医师协会又对《使用规范》进行了修订，联合发布《重大疾病保险的疾病定义使用规范（2020 年修订版）》(以下简称“2020 版定义”)，将原有的 25 种疾病定义完善扩展为 28 种重疾和 3 种轻症。

从国际经验来看，重大疾病保险保障的多种疾病中，疾病发生率和理赔率最高的疾病有 3~6 种，这些疾病对重大疾病保险产品的价格影响最大。因此，2020 版定义要求重大疾病保险必须包括 6 种主要疾病：恶性肿瘤（重度）、较重急性心肌梗死、严重脑中风后遗症、重大器官移植术或造血干细胞移植术、冠状动脉搭桥术（或称冠状动脉旁路移植术）、严重慢性肾衰。如果该产品还保障了保险金额低于上述 6 种重度疾病的其他疾病，则还应当包括 2020 版定义的恶性肿瘤（轻度）、较轻急性心肌梗死、轻度脑中风后遗症。

我国是继英国、新加坡、马来西亚之后第四个制定并使用行业统一的重疾定义的国家。使用行业统一的重疾定义及使用规范一方面有利于消费者比较和选购重大疾病保险产品，保护消费者权益；另一方面有利于我国自行积累重大疾病保险的经验数据，着手解决长期困扰我国健康保险发展的数据难题，促进健康保险产品自主创新。

（二）重大疾病保险的给付类型

重大疾病保险是定额给付性的健康保险，根据给付方式划分，可以分为提前给付型、额外给付型、回购式选择型、独立主险型等。

1. 提前给付型

提前给付型重大疾病保险的保险责任包括死亡、高度残疾和重大疾病。在保险期间内，如果被保险人罹患保险合同中约定的重大疾病，被保险人可以提前领取一部分的重大疾病保险金额作为重大疾病保险金，用于医疗和手术费支出。之后，当被保险人死亡、高度残疾时，剩余比例的保险金则由受益人领取。提前给付型重大疾病保险实质上减少了被保险人死亡、高度残疾保障，而被保险人由于身患重大疾病也基本失去了重新购买寿险的机会。

2. 额外给付型

额外给付型重大疾病保险的保险责任也包括了死亡、高度残疾和重大疾病。与提前给付型重大疾病保险不同的是，这种类型的重大疾病保险在发生重大疾病给付后，不影响死亡、高度残疾保险金的给付。在这种类型的重大疾病保险中，保险公司通常规定了生存期。被保险人如果在生存期内不是因为罹患重大疾病而身故，保险公司给付死亡保险金；被保险人如果在生存期内因为罹患重大疾病而身故，保险公司也给付死亡保险金，但不给付重大疾病保险金；被保险人罹患重大疾病后如果超过了规定的生存期，保险人给付重大疾病保险金，以后如果被保险人身故，再向保单指定的受益人给付死亡保险金。额外给付型重大疾病保险最大的优点在于死亡、高度残疾保障始终存在，不会因为重大疾病保险金的给付而减少。额外给付型重大疾病保险的缺陷在于保险费相对昂贵，逆向选择风险较大，而且生存期的规定容易导致理赔纠纷。

3. 回购式选择型

回购式选择型重大疾病保险的保险责任包括死亡、高度残疾和重大疾病，当被保险人在保险期间内第一次罹患重大疾病，保险人给付了重大疾病保险金后，死亡保险金会相应减少。如果被保险人在一定期间后仍然存活，可以以固定费率购买原保险金额的一定比例，使得死亡保险金额增加。如果被保险人在一定期间后仍然存活，又可以再次购买原保险金额的一定比例以增加死亡保险金额，经过数次回购，直至保险金额恢复到购买之初的水平。回购式选择型重大疾病保险弥补了提前给付型重大疾病保险的不足，为罹患重大疾病的被保险人提供了充足的死亡保障。

4. 独立主险型

独立主险型重大疾病保险的保险责任包括死亡、高度残疾和重大疾病，但两项责任是独立的。死亡保险和重疾保额通常数额相等。如果被保险人在保险期间内罹患保险合同约定的重大疾病，无论是否因此身故，保险公司都给付重大疾病保险金，保障责任终止。如果被保险人在保险期间内未罹患保险合同约定的重大疾病而死亡，则保险公司给付死亡保险金，保障责任终止。独立主险型重大疾病保险的优势是在一定的保险费成本下，被保险人能获得最充分的重大疾病保障。

（三）重大疾病保险的相关概念释义

1. 观察期

为了防止被保险人带病投保，重大疾病保险合同中通常都会设置观察期，自保险合同生效或复效之日起 90 天或 180 天内，被保险人罹患保险合同中约定的重大疾病，保险人不承担给付保险金责任。观察期设置得越长，对保险公司而言，对投保人逆向选择风险的控制力就越强。

2. 生存期

生存期是指被保险人罹患重大疾病后，不能立即领取重大疾病保险金，而是需要经过一个特定时期后才能领取，这个特定时期就是生存期。如果被保险人在生存期内死亡，就只能领取死亡保险金。

3. 等待期

如今，绝大多数的重大疾病保险由开办初期的一次重疾给付转变为多次重疾给付。保险公司将此类产品的重大疾病分成若干组，每组内的疾病相关性比较高，组与组之间的疾病相关性比较低。每次被保险人罹患某组内的重疾获得赔付之后，若被保险人再次罹患该重疾组的其他重疾，则保险人不再赔付；若被保险人罹患其余组的重大疾病，保险人仍将赔付重大疾病保险金。在此类保单中，保险公司通常规定了等待期，也就是两次索赔之间的间隔期，一般为 180 天。如果被保险人第一次索赔和第二次索赔之间的间隔未超过等待期，则保险公司不承担保险责任。

第五节　失能收入损失保险

失能收入损失保险又称残疾收入损失保险，是指以保险合同约定的疾病或意外伤害导致工作能力丧失为给付保险金条件，为被保险人在一定时期内收入减少或中断提供保障的保险。失能收入损失保险的主要目的是为被保险人因丧失工作能力导致收入方面的丧失或减少提供经济上的保障，并不承保被保险人因疾病或意外伤害发生的医疗费用。

一、失能的界定

失能收入损失保险对被保险人中断或丧失劳动收入能力后的收入损失进行赔付，因此保险公司如何界定被保险人是否失能就非常重要了。残疾和全残是失能收入损失保险中两个非常重要的概念。残疾是指由于伤病等原因在人体上遗留下来的固定症状。残疾使人体的形态和功能在不同程度上发生了改变，因此会影响到人的正常生活和工作能力。通常，导致残疾的原因有：第一，先天性疾病，如先天性聋哑、先天性畸形等；第二，患病后留下的固定症状，如小儿麻痹症后的瘸拐、乙型脑炎后的痴呆症等；第三，意外伤害后留下的固定症状，如爆炸导致的双目失明、肢体残缺等。在失能收入损失保险中，先天性的残疾不在保障范围内。通常，保险公司在每份保单中都规定了全残的定义，被保险人只有符合保单定义的残疾，才能领取保险金。因此，每一份失能收入损失保单都必须明确给出全残的定义。以下内容介绍在商业保险中常见的全残的定义。

（一）绝对全残

绝对全残是指被保险人残疾后不能从事任何职业。保单采用这种定义，通常会规定，凡从事有收入职业的被保险人都不能认定为全残。也就是说，如果被保险人自愿从事任何一种有收入的职业，其就不能领取全残保险金。

很显然，这一要求非常苛刻，它使得大多数被保险人不能领取失能收入损失保险金。为了吸引客户，现在大多数保险公司已经不采用这一定义了。

（二）通用全残

采用这种定义将被保险人残疾分成两个阶段。在致残初期，如果被保险人不能从事其残疾前的职业，则被认定为全残或完全丧失工作能力，被保险人就可以按保险合同约定领取失能收入保险金。当被保险人残疾一段时期以后（我国通常为 2 年，美国通常为 2~5 年），如果被保险人仍不能从事任何与之所受的教育、训练或经验相匹配的职业，则被认定为全残，并继续领取失能收入保险金直至保单规定的给付期满。

（三）原职业全残

原职业全残是美国的叫法，我国称为专门职业能力丧失。采用这一全残定义的保单通常是向从事某些特定职业的被保险人签发，保险公司在签发这类保单时进一步放宽了对全残的限制，扩大了保险范围。这些保单规定，如果被保险人因伤残不能完成原职业的基本任务时，就可认定为全残。也就是说，如果使用该定义，那么只要被保险人因残疾而不能从事原职业，就可以领取约定的保险金，而不论其是否从事其他有收入的职业。

有些保险人还进一步规定原有职业为特定的几个职业，如医师、牙医、律师或会计师等。例如，整形医师即使可以提供一般的医疗服务，但不能做整形手术也被视为原职业全残。

（四）收入损失全残

这种定义在 20 世纪 70 年代的美国和加拿大产生，受到了高收入阶层客户的普遍欢迎。采用这种定义的保单，如果被保险人由于残疾而遭到收入损失，那么其就可以被认定为全残。这种保单在以下两种情况提供残疾收入：一是被保险人因全残而丧失工作能力；

二是被保险人尚能工作，但因伤残而致使其收入降低。这种保单同时还规定了被保险人在完全丧失工作能力时所能领取的最高收入限额和被保险人因残疾而招致的收入损失的确定方法。

（五）推定全残

在某些情况下，被保险人患病或遭受意外伤害，最终是否残疾在短期内难以判定。为此，保险公司往往在保险条款中约定定残期限，如 180 天。如果被保险人发生了保单规定的伤残情况，而且在约定定残的期限届满时尚无明显的好转征兆，将被自动认定为全残。推定全残还包括完全永久失明、任意两肢失去活动能力、语言或听力丧失等。

（六）列举式全残

采用这种定义，保单中详细列明了被保险人可以被认定为全残的情况，这些情况通常包括被保险人出现了下列情形之一：

（1）双目永久完全失明的。

（2）两上肢腕关节以上或两下肢踝关节以上缺失的。

（3）一上肢腕关节以上及一下肢踝关节以上缺失的。

（4）一目永久完全失明及一上肢腕关节以上缺失的。

（5）一目永久完全失明及一下肢踝关节以上缺失的。

（6）四肢关节机能永久完全丧失的。

（7）咀嚼、吞咽机能永久完全丧失的。

（8）中枢神经系统机能或胸、腹部脏器机能极度障碍，终身不能从事任何工作，为维持生命必要的日常生活活动，全需他人扶助的。

采用这种定义，不仅明确了保险责任，而且能够减少理赔纠纷。

二、失能收入损失保险的特征

失能收入损失保险与其他保险相比，具有以下几个特征：

（一）保险金额和保险金给付难以确定

通常，一个人残疾后，其收入水平会降低，通过失能收入损失保险为被保险人提供的收入补偿，会使被保险人残疾后的生活水平达到或接近原来的生活水平。但是，一个人的收入来源通常是多渠道的，既有专职收入，又有兼职收入。由于兼职收入通常较缺乏稳定性而且难以预测，保险人在确定给付被保险人的最高赔偿金额时，通常只考虑其专职收入。但是，对于某些被保险人而言，专职收入可能低于其兼职收入。按照专职收入确定最高赔付限额显然满足不了被保险人的保障需求，因此保险人在确定被保险人的最高赔付金额时难度较大。

（二）保险金支付时间可能较长

医疗保险为被保险人提供医疗费用的补偿，当被保险人罹患保险合同约定的疾病时，重大疾病保险对被保险人进行赔付，这些保险产品的赔付多为一次性的。失能收入损失保险的给付时间可能较长，大多采用按月向被保险人支付，这也是一种年金，如可以支付到被保险人 65 周岁，甚至终身。

失能收入损失保险给付保险金的条件有两个：一是被保险人失能，二是被保险人失能后有收入损失。因此，在给付保险金时，保险公司就需要定期确认这两点，如果被保险人恢复工作能力或收入损失消失，则终止给付保险金。这意味着保险公司一方面需要主动提供赔案管理，另一方面还要积极帮助被保险人回到工作岗位或寻找其他工作。必要时，保险公司还要帮助被保险人申请社会保障及资助。

（三）保险金的给付方式

失能收入损失保险合同是补偿性的，保险金额通常依据被保险人的职业、受教育程度、工作年限和投保时近几年的收入水平确定。保险金的给付方式一般分为一次性给付和分期给付。

1. 一次性给付

如果被保险人全残，保险公司通常按照约定的完全失能给付比例给付保险金，给付公式为：

$$完全失能给付金额=原收入\times完全失能给付比例$$

如果被保险人部分残疾，给付公式为：

$$部分失能给付金额=完全失能给付金额\times(原收入-失能后收入)\div原收入$$

例如，某被保险人原工资收入为每月 3 000 元，部分残疾后已不能从事原来的工作，改行后月收入为 1 200 元，全残给付为 70%，即 2 100 元，则其部分残疾收入保险金为 1 260 元。

在保险技术成熟的国家，保险人通常多采用分期给付保险金的方式。

2. 分期给付

采用分期给付，在保险合同中通常会确定给付期间，保险公司在此期间内给付失能收入损失保险金。根据给付期间的长短，失能收入损失保险有短期和长期之分，而个人失能收入损失保险和团体失能收入损失保险的给付期间的区分标准往往不一致。

对于团体失能收入损失保险而言，给付期间在一年以下都属于短期保险，常见的给付期间有 13 周、26 周、52 周。给付期间在一年以上都属于长期保险，最长给付期间可以到被保险人退休截止。

个人失能收入损失保险的给付期间通常比较长，给付期 1~5 年的属于短期保险，5 年以上的属于长期保险，给付期间可以约定为到某个年龄截止，甚至终身。

（四）费率厘定的难度较大

失能收入损失保险的赔付时间可能较长，与医疗费用保险相比，它受时间的影响更大，厘定费率时需要考虑货币的时间价值，要计算保险金的现值。随着时间的推移，物价一般呈上涨趋势，为了给被保险人提供较充足的保障，保险人通常还要在失能收入损失保险中加入生活费用调整给付条款。这些都增加了精算师的计算难度。因此，失能收入损失保险的费率厘定过程比较复杂，难度较大。

（五）容易发生道德风险

如果保险人为被保险人提供的失能收入损失保障程度较高，那么被保险人就可能为了拿到保险金给付而发生自残行为。曾经有报道称，在东南亚经济危机期间，由于韩国经济受到了沉重打击，失业人数骤增。有一名男子在失业之后，为了得到失能收入损失保险的赔偿金，不惜将自己的一条腿打断。类似这样的道德风险，对于保险公司来说可谓防不胜防。

（六）免责期

失能收入损失保险通常设有免责期条款。根据该条款的规定，在被保险人失能后，需要经过一段时间后，保险公司才给付失能收入损失保险金，这一段时间就称为免责期。规定免责期的目的是避免由于暂时性失能带来的理赔。

三、失能收入损失保险的特殊条款

失能收入损失保险除了在被保险人全残时给付保险金外，还可以提供其他利益。这些补充利益既可以自动包含于基本保险之内，也可以通过缴纳附加保险费的方式获得。

（一）部分伤残保险金给付

部分伤残是指导致被保险人不能完全从事其原有职业的某些工作或全日从事其职业的伤残。许多保险公司除了提供全残的保险金给付之外，还提供了部分失能收入损失保险金的给付，当被保险人部分伤残时，其可以在约定期间内领取失能收入损失保险金。保险金可以按照约定定额给付，也可以按照保单规定的公式计算。

（二）加保选择权

如果失能收入损失保单按照约定的固定金额给付，那么就可能包含一种加保选择权。加保选择权的全称是未来增加保险金额选择权，又可以称为保证未来的可保性，即被保险人在未来某个时期内如果收入有所增加，就有权利增加保险金额，而不论其当时的健康状况如何。被保险人在增加保险额度时，不必提供可保证明，但通常要提供收入增加的证明。一般而言，被保险人可以每年增加一次购买保险金额，直到保险合同中规定的截止购买年龄（一般为50周岁或55周岁）。每年可增加购买的保险额度依各公司的规定而不同，但一般不会超过初始保额的2倍。有的保险公司还进一步规定，被保险人在45周岁之前按上面规定的额度购买，在此之后，每年可购买的额度降为原始额度的1/2或1/3。

（三）生活费用调整给付

生活费用调整给付又称通货膨胀条款，在保险合同中约定此条款，是为了避免由于通货膨胀给长期失能收入损失保险的被保险人带来不利影响。根据该条款的规定，失能收入损失保险金随着生活费用的变动而调整。这种调整通常每年一次，调整的依据是物价指数，调整比例取决于通货膨胀率。失能收入损失保险金一般每5年以一个固定比率增加。生活费用调整给付能够有效保证失能的被保险人的生活不会因通货膨胀而受到很大影响。但是，为了控制给付金额过高，有些保险公司还进一步规定调整后的保险金额不能高于原有金额的2倍。

（四）保险费豁免

保险费豁免又称残疾免缴保险费条款，通常作为一个附加条款附加在主合同后面，是指保险公司承诺当被保险人全残后可以免缴后续应缴保险费，包括人寿保险的续期保险费和失能收入损失保险的附加保险费。保险费豁免条款通常包含如下限制条件：

1. 等待期

在保险费豁免开始之前，保险公司通常会设置等待期（通常为3个月或6个月）。也就是说，被保险人遭受残疾之日起，在规定的等待期内投保人必须继续缴纳保险费。如果超过等待期之后，被保险人的失能仍然没有康复，保险人才豁免其后续保险费。有的保险费豁免条款还规定，如果被保险人在等待期末仍然残疾，则保险费免缴期限可以追溯到被保险人致残之初，保险公司需将保单所有人在等待期内缴纳的保险费如数退还保单所有人。

2. 有效年龄

通常，保险费豁免条款只对发生在约定年龄段的残疾有效。例如，只有被保险人在15~65周岁招致残疾。做出这一规定的原因在于，在特定年龄之前或之后，被保险人招致残疾的可能性将显著增大，如果为他们提供免缴保险费条款，保险公司的成本就会非常高。

3. 缴费方式的变更

多数保险费豁免条款规定，在残疾发生以后，缴纳保险费的频率不能改变。这一限制是为了防止保单所有人改用频率更高的缴费方式。例如，如果原来的续期保险费是按年缴纳，那么保单所有人就不能将它更改为按月缴纳，因为如果按月缴纳，如果被保险人在年度保险费到期以前康复，就有可能免缴部分保险费。

4. 除外责任

保险费豁免条款包含了一些除外责任。例如，被保险人因自残、作案时所致的伤残、既存状况导致的残疾，则不能免缴残疾后的续期保险费。

保险费豁免条款通常规定免缴保险费将持续到被保险人康复或死亡为止。为了享受免缴保险费的权利，保单所有人必须书面通知保险公司，并提供被保险人的残疾证明。保险公司有权要求保单所有人定期提交被保险人持续残疾的证明。只要被保险人仍然满足该条款规定的全残的定义，保单剩余期间的应缴保险费就可以免除。当被保险人不满足该条款规定的全残的定义时，则应照常缴纳保单的余下费用。

第六节　护理保险

护理保险是指按照保险合同约定为被保险人日常生活能力障碍引发护理需要提供保障的保险。护理保险的主要险种包括长期护理保险、少儿看护保险、全残护理保险等。本节重点介绍长期护理保险。

一、长期护理保险的定义

长期护理保险是指当被保险人由于年老、疾病导致身体非常虚弱，或者由于意外事故导致残疾以至于在没有他人帮助的情况下不能照顾自己，需要入住养老机构、康复机构或在家中接受他人护理时，保险人对被保险人支出的护理费用给予补偿的一种健康保险。

随着人口老龄化和家庭结构小型化程度不断加深，人们对长期护理的需要不断上升，而日益上涨的护理费用增加了人们的费用支出，因此长期护理保险的开办应运而生。1975年，长期护理保险在美国出现，保险责任非常全面，为被保险人提供各种护理保障，如专业家庭护理、日常家庭护理、中级家庭护理等。由于该险种能享受税收优惠，因此一经问世，就成为美国健康保险市场上最受欢迎的险种之一。随后，长期护理保险被引入法国、德国、英国、爱尔兰等欧洲国家和南非。日本在20世纪70年代就已经进入了老龄化社会，因此长期护理保险在日本非常受欢迎。2000年4月，日本通过了《护理保险制度》，将长期护理保险列入社会保险体系。

我国于2016年开始试点长期护理保险，重点解决重度失能人员基本生活照料和医疗护理所需的费用。2016年6月，人力资源和社会保障部印发《人力资源和社会保障部办公厅关于开展长期护理保险制度试点的指导意见》，明确提出将河北省承德市、吉林省长春市、黑龙江省齐齐哈尔市等 15 个城市作为试点城市，这标志着国家层面推进全民护理保险制度建设与发展的启动。2020 年 9 月，国家医疗保障局会同财政部印发《医保局 财政部关于扩大长期护理保险制度试点的指导意见》，明确将长期护理保险试点扩围。长期护理保险制度试点城市名单中新增北京市石景山区、天津市、山西省晋城市、内蒙古自治区呼和浩特市等 14 个试点城市（区）。长期护理保险在社会保障方面发挥着越来越重要的作用，被誉为社会保险的“第六险”。本节主要讨论商业性长期护理保险。

二、长期护理保险的主要内容

（一）长期护理保险的护理服务内容

长期护理保险为被保险人提供三个层次的护理服务：一是专业看护。这是看护的最高等级，也是专业性最强的看护服务。专业看护提供 24 小时全天看护，看护人员必须是注册护士或有职业执照的医护人员。二是中等看护。中等看护是一种非连续性的专业看护，患者不需要 24 小时全天看护。三是基本看护。这是一种基本的、非医疗性的看护，一般仅限于为患者提供日常基本活动的帮助。从事基本看护的服务人员不必是专业的医护人员，但必须遵照医生的要求，在护士的指导下对患者的日常起居进行照顾。

（二）长期护理保险的给付标准

1. 丧失日常活动能力

丧失日常活动能力是指被保险人生活无法自理，需要他人的照料才能开展日常活动。一般来说，丧失独立完成以下六项日常生活活动能力中的三项或三项以上就达到了给付保险金的标准：

（1）步行，即室内从房间到房间之间的平地行走。

（2）进食，即在食物已经准备好的情况下，自己进食。

（3）更衣，即穿衣、脱衣、扣紧或解开所穿衣物的能力，包括脱穿吊带、脱戴假肢及其他医疗辅助器具。

（4）洗澡，即沐浴或淋浴（包括自行出入浴缸或冲淋房）或以任何其他方式清洗身体。

（5）如厕，即自行使用厕所和控制大小便，需要时可以通过使用保护性衣物或医疗辅助器具协助如厕动作。

（6）移动，即自床上移动至座椅或轮椅或替代器械上。

2. 认知能力障碍

认知能力障碍是指被保险人被诊断确定为严重痴呆，且必须他人长期看护。严重痴呆是一种器质性智能障碍，表现为全面的智能丧失，包括记忆力、判断力、抽象思维能力障碍和人格改变以及阿尔茨海默病或其他病因造成的痴呆。

认知能力障碍主要表现在以下几个方面：

（1）时间的分辨障碍，即无法分辨季节、月份等。

（2）场所的分辨障碍，即无法分辨自己所处的位置和自己的住所。

（3）人物的分辨障碍，即无法分辨家人和朋友。

3. 医学上的必要性

如果被保险人需要在专门的康复机构或养老院接受专业护理服务，为了防范道德风险，保险公司通常要求被保险人出具医学上的必要性的证明。

（三）长期护理保险的给付方式

1. 提供服务

提供服务即当被保险人符合给付条件时，可以享受到保险公司提供的诸如医疗护理、饮食、交通、清洁等一切护理服务。

2. 费用补偿

费用补偿这种方式为被保险人需要入住护理机构或请护理人员上门护理或居家护理而产生的各项费用提供经济补偿。保险公司承担的护理金一般包括床位费、膳食费、诊疗费等。给付的方式一般有两种：按发生额给付和按固定金额给付。按发生额给付是指被保险人凭护理费用发票到保险公司报销，领取护理保险金，保险公司赔偿的金额不会超过保险金额；按固定金额给付是指不考虑被保险人实际支出的护理费用多少，保险公司按照合同约定的金额给付护理保险金，具有定额给付性质。

（四）长期护理保险的特约条款

1. 保证续保

保证续保条款是指只要保单持有人持续缴纳保险费，保险合同就继续有效，保险人不能拒绝续保，即使该保单停售。续保时保险公司可以针对同一类被保险人调整保险费。

2. 免责期

免责期是指保单生效后保险公司不承担保险责任的一段时间，一般为 0~365 天。

3. 通货膨胀条款

为了抵御通货膨胀带来的不利影响，在长期护理保险中往往会设置通货膨胀条款，即允许被保险人在保险期间内定期增加保险金额。

4. 保险费豁免

保险费豁免条款规定，被保险人住进护理机构或领取护理保险金之后的一定时期（一般是60天、90天或180天)，投保人可以免缴后续保险费，保险合同继续有效。

5. 不丧失现金价值

不丧失现金价值条款规定，均衡保险费的长期护理保险具有现金价值，可以申请保单贷款，退保时可以领取退保金。

三、长期护理保险的种类

（一）按照保险责任划分

（1）单一责任长期护理保险，仅承担长期护理责任。

（2）综合责任长期护理保险，除了承担长期护理责任外，还增加了生存和死亡给付责任。

（二）按照保险金额是否变化划分

（1）保额固定型长期护理保险，即保险金额固定不变，按照保险合同约定的金额给付。

（2）保额递增型长期护理保险，即保险金额随着生活费用指数和护理费用指数的变化而逐年增加保险金额。

（三）按照投保方式划分

（1）个人长期护理保险，即只为单一的被保险人提供护理保障。

（2）团体长期护理保险，即为一个团体的全部或部分成员提供护理保障。

重要术语

医疗保险　疾病保险　失能收入损失保险　护理保险　长期护理保险　观察期
重大疾病保险　生存期　等待期　免责期

复习思考题

1. 简述健康保险的含义与特点。
2. 为什么健康保险容易诱发道德风险？
3. 医疗保险中成本分担条款有哪些？设置的目的是什么？
4. 试分析医疗保险和疾病保险的区别。

第六章　意外伤害保险

学习目标

1. 理解意外伤害的概念
2. 掌握意外伤害保险的概念、特征、构成条件、给付方式
3. 了解意外伤害保险的常用险种

第一节　意外伤害保险概述

一、意外伤害的概念

明确人身意外伤害保险中关于意外伤害含义的界定非常重要。

（一）意外的概念

意外事件是指以外来的、突发的、非本意的和非疾病的原因导致被保险人的身体受到伤害的客观事件。

外来的是指被保险人遭受的伤害是由自身以外的原因造成的。例如，被保险人行走在路上被高空坠物砸到，或者受到暴雨、飓风的侵袭而受伤，这些都是由于自身以外的原因导致的。

突发的是指人受到猛烈而突然的侵袭造成的身体伤害，事故的原因与伤害的结果有直接的因果关系。例如，煤气中毒，因吸入毒气致使身体遭受伤害，是瞬间导致的伤害。这区别于长期在灰尘车间里工作，逐渐形成的肺部职业病的情况，后者则不符合突发性。

非本意的是指被保险人事先无法预见到，或是由于疏忽没有预见到，是非本人意愿的不可抗力事故造成的伤害。例如，乘客在交通事故中受伤。

非疾病的是指损害的造成不是由被保险人身体本身的因素引起的。这区别于疾病，疾病是指在一定的致病因素作用下，人体各系统、器官、组织、细胞以及分子结构功能和代谢的病理变化，表现出相应的症状和体征，而影响人的健康和劳动能力，如肺炎、脑出血、心肌梗死等都属于疾病。

某个事件必须同时满足外来的、突发的、非本意的和非疾病的四个条件，才能构成意外。如果不完全符合以上四个条件，则不属于意外。例如，张某在外出期间被传染新型冠状病毒，该事件符合外来的、突发的和非本意的三个条件，但新型冠状病毒感染属于疾病，因此张某不符合非疾病的这一条件，该事件不属于意外。

（二）伤害的概念

伤害是指人的身体遭受到外来的侵害而导致发生损伤甚至死亡的客观事实。伤害通常由致害物、伤害对象和伤害事实三个要素构成。

致害物是指直接造成伤害的物体或物质。致害物必须是外来物体，即在伤害发生以前它只存在于被保险人的身体之外。外来是相对于内生而言的，所谓内生的致害物，是指在被保险人身体内部形成的，如肾结石、血栓等疾病，由内在的病理因素导致的身体体征变化，这通常属于健康保险的保障范围。意外伤害常见的致害物包括器械，如机动车辆、机械设备、劳动工具、建筑物、凶器等；自然灾害，如暴风雨、洪水、雷电、冰雹等；化学物品，如酸、碱、有毒气体、有毒液体等；生物，如野兽、家畜、宠物等，这些致害物都可能对身体造成损伤。

伤害对象必须是被保险人身体的某个或某几个部位，是生理上的伤害，而非精神上或权利上的伤害。例如，因姓名权、发明权、肖像权、荣誉权、名誉权的侵犯所带来的伤害就不属于意外伤害。

伤害事实是指致害物以一定方式破坏性地接触或作用于被保险人的身体。如果致害物没有接触或作用于保险人的身体，就不能构成伤害。常见的侵害方式有碰撞、撞击、坠落、跌倒、坍塌、淹溺、灼烫、火灾、辐射、爆炸、中毒（包括吸入有毒气体、皮肤吸收有害物质、有毒物质经过口腔进入体内）、触电、接触、掩埋、倾覆等。

（三）意外伤害的概念

意外伤害包括意外和伤害两个必要条件，是指以外来的、突发的、非本意的和非疾病的客观事件为直接原因致使身体受到的伤害，如某人因发生交通事故导致身体受到伤害。

二、意外伤害保险的概念

意外伤害保险是指在保险合同有效期内，被保险人由于外来的、突发的、非本意的、非疾病的客观意外事故造成身体的伤害，并以此为直接原因致使被保险人死亡或残疾时，由保险人按合同规定向被保险人或受益人给付残疾保险金、死亡保险金的一种保险。从该定义看，意外伤害保险仅对意外死亡或意外残疾支付保险金。在实务中，意外伤害保险往往有两项派生保障项目，分别是由于意外伤害导致的医疗费用和误工（住院）津贴补偿。派生的意外医疗保险和意外误工（住院）津贴保险往往是作为附加险与意外伤害保险同时进行承保。

《中华人民共和国保险法》规定，保险人不得兼营人身保险业务和财产保险业务。但是，经营财产保险业务的保险公司经国务院保险监督管理机构批准，可以经营短期健康保险业务和意外伤害保险业务。在保险市场上，人寿保险公司和财产保险公司均可以经营意外伤害保险，因此意外伤害保险的市场竞争非常激烈。

三、意外伤害保险的特征

（一）保险期间短

意外伤害保险多为短期保障，大部分保单的保险期间为一年，有些极短期意外伤害保险的保险期间只有几个小时或几天，如乘坐高铁、飞机、客车等交通工具的旅客，其投保的交通工具意外伤害保险，保险期间为自登上指定交通工具至离开为止；又如某单位举办为期两天的趣味运动会，为参赛人员投保短期意外险，保险期间为两天。

（二）保险费率与职业或从事的活动危险程度相关

意外伤害保险的保险费率是依据意外伤害发生的概率来计算的。在计算费率时，被保险人从事的主要活动的风险程度是主要的考虑因素，而被保险人的年龄、性别等则不是主要考虑因素。因为被保险人遭受意外伤害的概率与其职业、工种或从事的活动密切相关，而年龄和性别的差异对意外伤害发生的概率的影响相对较小。在相同情况下，被保险人的职业或从事的活动的危险程度越高，保险费率就越高。

（三）保险责任里包含责任期限的规定

意外伤害保险条款规定，自被保险人遭受意外伤害之日起的一定时期为责任期限，通常为 90 天或 180 天等。意外伤害保险条款规定，只要被保险人在保险期间内遭受意外伤害事故，并自事故发生之日起的一定时期内，被保险人因该事故导致死亡或残疾的，即使死亡或伤残评定的时间发生在保险期间结束之后，但只要还在责任期限之内，保险人仍然要承担保险责任。这是意外伤害保险与寿险在保险责任上的一个明显区别，寿险约定保险人支付死亡保险金的前提是被保险人在保险期间内死亡。

（四）定额给付与补偿方式相结合

在意外伤害保险中，死亡保险金和残疾保险金采用定额给付的方式。当被保险人在保险期间内因意外伤害而死亡时，保险人按约定保险金额给付保险金；当被保险人因意外伤害导致残疾时，保险人根据残疾程度按约定比例给付保险金。但是，意外伤害医疗保险金的赔付则是按照被保险人实际支出的医疗费用来进行补偿，遵循补偿原则。

（五）销售方式和销售渠道多样

意外伤害保险可以作为主险独立承保，也可以以附加险的形式附加于其他主险上，还可以进行灵活的搭配和组合销售，以提高产品的市场竞争力。例如，某公司采用意外伤害保险与人寿保险捆绑销售，约定其保险金额与人寿保险相同，如果被保险人因意外伤害而身故，受益人可以获得双倍保险金额的赔付，简称“意外双倍给付”。意外伤害保险因产品形态简单、投保流程简便、风险识别因素少，目前主要通过网络平台和移动终端进行销售，更好地满足消费者的投保需求，也降低了销售成本；部分产品嵌套进某些消费场景，为客户提供精准化的保障，如航空意外险在售卖机票时连带销售。

（六）价格较低，覆盖面广

除了部分高危人群外，意外伤害事故发生的概率一般较低。例如，意外伤害的死亡率比寿险的死亡发生率低，因此意外伤害保险的费率相对较低。意外伤害保险产品的需求面广，学生、老人、各类特定群体（如建筑工人），还有我们的各种生活场景，如旅行、驾车期间都有意外伤害保险的需求，因此意外伤害保险拥有广阔的销售市场。

四、意外伤害保险与其他相关保险的比较

（一）意外伤害保险与人寿保险的比较

1. 相同之处

（1）保险金额的确定。意外伤害保险和人寿保险均采取定额保险的形式，即在投保时投保人和保险人约定一个金额作为保险金额，当保险事故发生时，由保险人依照约定的保险金额承担给付责任。因为人的生命和健康不能用货币来衡量，所以不存在超额投保、不足额投保或重复投保等问题。

（2）投保人、被保险人以及受益人的形式相同。两者的投保人与被保险人可以是同一人，也可以不是同一人；两者都可以指定受益人，且当投保人与被保险人不是同一人时，投保人指定或变更身故受益人的必须征得被保险人的同意。

2. 不同之处

（1）保险期间不同。人寿保险的保险期间一般较长，短则数年，长则数十年甚至终身。意外伤害保险的保险期间较短，一般不超过 1 年，最多 3~5 年，甚至短至几天、几小时。

（2）保险责任不同。人寿保险的保险责任是当被保险人在保险期间内死亡或生存到一定年龄时，保险人向被保险人或其受益人给付死亡保险金或生存保险金。人寿保险的死亡保险责任包括因疾病和意外事故导致的身故。意外伤害保险的保险责任是当被保险人遭受意外事故导致死亡或残疾，保险人支付死亡保险金和残疾保险金，与寿险的区别是责任范围仅限于意外事故。

两者关于死亡赔付责任的约定也不同。人寿保险约定被保险人在保险期间内死亡，保险人支付死亡保险金；意外伤害保险则约定被保险人在保险期间内遭受意外事故，在责任期限内身故的情况下保险人支付死亡保险金。

（3）费率厘定依据不同。人寿保险的纯费率是根据预定死亡率、预定利率计算的，年龄是影响费率的主要因素；意外伤害保险费率的厘定通常是根据意外事故的发生概率计算的，职业工种是核定费率的主要考虑因素。

（4）交费方式不同。人寿保险多采用分期缴付，而意外伤害保险的缴费以趸缴为主。

（5）自杀免责条款的规定不同。《中华人民共和国保险法》第四十四条规定："以被保险人死亡为给付保险金条件的合同，自合同成立或者合同效力恢复之日起二年内，被保险人自杀的，保险人不承担给付保险金的责任，但被保险人自杀时为无民事行为能力人的除外。"人寿保险中有关于自杀条款的规定；而在意外伤害保险中，条款约定被保险人自杀、自残属于免责范围，保险人不承担给付保险金责任。

（二）意外伤害保险与人身伤害责任保险的比较

人身伤害责任保险属于责任保险的一种，是承保被保险人造成他人人身伤害引起的民事赔偿责任的责任保险，即当被保险人由于疏忽或过失造成他人人身伤害，依照法律或合同的规定应由被保险人承担民事赔偿责任时，保险人按合同的规定补偿被保险人的损失。

意外伤害保险与人身伤害责任保险都以发生人身伤亡事故为条件而给付保险金，但本质上却有很大的区别，主要有以下几点不同之处：

1. 被保险人不同

人身伤害责任保险的被保险人是极可能造成他人人身伤害的致害人。意外伤害保险的被保险人是有可能遭受意外伤害事故而受到保险保障的人。

2. 保险标的不同

人身伤害责任保险的保险标的是被保险人因为疏忽或过失造成他人人身伤害，依据法律或合同的规定而应承担的民事经济赔偿责任。意外伤害保险的保险标的是被保险人的寿命或身体。

3. 保险责任不同

对于人身伤害责任保险而言，只有依据法律或合同的规定，被保险人应对受害人承担民事赔偿责任时，才构成保险责任，保险人才支付赔款。在意外伤害保险中，只要被保险人在保险期间内遭受意外伤害导致死亡或残疾，就构成保险责任，保险人要按照合同的规定给付保险金。

4. 保险金额和赔偿方式不同

在订立人身伤害责任保险合同时，合同一般约定赔偿限额。被保险人对受害人的民事赔偿责任由保险人承担，保险人只承担不超过赔偿限额的那部分民事赔偿责任，其余部分由被保险人自行承担。《中华人民共和国保险法》第六十五条规定："保险人对责任保险的被保险人给第三者造成的损害，可以依照法律的规定或者合同的约定，直接向该第三者赔偿保险金。"人身意外伤害保险则事先约定保险金额，当发生保险合同中约定的保险事故时，由被保险人或受益人领取合同约定的死亡保险金和残疾保险金。

第二节　意外伤害保险的分类

一、按照保险责任不同划分

（一）意外伤害死亡、残疾保险

其保险责任是被保险人因遭受意外伤害导致死亡或达到合同约定的残疾程度，保险公司给付死亡保险金或残疾保险金。这是意外伤害保险最基本的险别，也是意外伤害保险组合的主险。

（二）意外伤害医疗保险

其保险责任是被保险人因遭受意外伤害进行治疗并支付医疗费，保险公司赔付医疗保险金。按照补偿原则，医疗保险金的赔偿不能超过实际发生的医疗费用，且赔偿金额不得超过该险种的保险金额。在意外伤害医疗保险中，一般都有免赔额和赔付比例的条款约定。该险别一般不能单独投保，而是作为意外伤害保险的附加险。

（三）综合意外伤害保险

其保险责任包括意外伤害死亡、残疾保险和意外伤害医疗保险的保险责任，既包括被保险人因遭受意外伤害导致的死亡或残疾的保险金给付责任，也包括因遭受意外伤害进行治疗而支出的医疗保险金给付责任。此类保险一般单独承保。

（四）意外伤害误工（住院）津贴保险

其保险责任是被保险人因遭受意外伤害在医院住院治疗期间，保险公司按住院天数和约定的金额给付保险金。在投保时，条款先约定好日津贴的金额和给付的天数，如保险金按每天 100 元赔付，最高赔偿天数为 180 天。该险别主要是对被保险人住院期间的误工损失进行补偿，因此日津贴金额的设定可以参照被保险人的日工资收入。该险别也是作为意外伤害保险的附加险。

二、按照投保方式不同划分

（一）个人意外伤害保险

个人意外伤害保险是指由个人投保，一份保险只承保一个被保险人的保险。

（二）团体意外伤害保险

团体意外伤害保险是指以团体的方式投保，一份保单项下有若干个被保险人，如企业为其员工投保的团体意外伤害保险。团体意外伤害保险的保险责任、给付方式和个人保险相同，其区别主要是团体保单可以进行被保险人的变更、增加、减少等保全申请。

三、按照承保风险不同划分

（一）普通意外伤害保险

普通意外伤害保险是指被保险人在保险期间内遭受意外伤害造成死亡或残疾，保险人给付保险金的保险。该险种承保的危险是一般的意外伤害，没有时间、地点的限制，同时对一些特殊的高风险活动项目不承担保险责任，这主要区别于特定意外伤害保险。

（二）特定意外伤害保险

特定意外伤害保险是对被保险人在特定时间、特定地点或因特定原因遭受的意外伤害承担保险责任。保险公司针对某些高风险活动承担保险责任，如对被保险人在约定时间内的滑雪、潜水活动的意外事故承担保险责任，这些高风险运动在普通意外伤害保险中属于除外责任；又如对被保险人在约定时间内乘坐指定索道过程的意外事故承担保险责任。

四、按照保险期间不同划分

（一）一年期意外伤害保险

一年期意外伤害保险是指保险期间为一年的意外伤害保险。一年期意外伤害保险最为普遍，主要包括个人投保的一年期个人意外伤害保险；企业为员工投保的团体意外伤害保险，每年保险合同到期前必须办理续保手续，以确保保障的连续性。

（二）长期意外伤害保险

长期意外伤害保险是指保险期间在一年以上的意外伤害保险。例如，借款人意外伤害保险，保险期间与借款年限相同，长达 10 年，甚至更长。

（三）极短期意外伤害保险

极短期意外伤害保险是指保险期间不足一年，一般为一个月以内，甚至短至几天、几小时、几分钟。例如，旅行意外伤害保险，保险期间为被保险人的旅行时间，一般是几天。

第三节　意外伤害保险的主要内容

一、意外伤害保险责任的构成条件

（一）被保险人在保险期间内遭受意外伤害

保险期间是指保险责任的起讫期间，即在此期间内保险人对发生的保险事故承担保险赔付义务。保险人仅对被保险人在保险期间内遭受意外伤害事故承担保险责任，如果意外伤害事故的发生不在保险期间内，保险人则不承担保险责任。如果被保险人在保险期间开始以前曾遭受意外伤害，而在保险期间内死亡或评定残疾，保险人也不支付保险金。意外伤害保险的保险期间的确定方式有两种：一是规定具体的期限，如一个月或一年。通常，保险单上会列明具体日期，如 2022 年 1 月 1 日零时至 2022 年 12 月 31 日 24 时。二是规定以某一事件的发生过程为保险期间。例如，某保险公司的航空意外伤害保险规定保险期间从被保险人踏入指定航班飞机舱门开始至飞机抵达目的地走出飞机舱门为止，仅限于当次的航程。

（二）被保险人在责任期限内死亡、评定残疾

意外伤害保险责任期限与健康保险责任期限类似，是指被保险人自遭受意外伤害之日起的一定时期，如 90 天、180 天等，当被保险人在责任期限内死亡、进行伤残评定以及发

生医疗费用，保险公司则给付保险金。即使被保险人在死亡或被确定为残疾时保险期间已经结束，只要未超过责任期限，保险人都要承担赔偿责任。举个例子，某条款的身故保险责任规定：“在保险期间内，被保险人遭受意外伤害事故，并自事故发生之日起 180 日内因该事故身故的，保险人按意外伤害保险金额给付身故保险金，对该被保险人的保险责任终止。”该条款中的 180 天为责任期限。如果被保险人在出险后 180 天内死亡，保险公司将支付身故保险金；如保险人在出险 180 天以后死亡，保险公司无须支付身故保险金。

（三）意外伤害是死亡或残疾的近因

意外伤害保险保险金给付的触发条件必须遵循近因原则，即意外伤害事故是导致被保险人死亡或伤残的直接原因或近因。近因原则广泛应用于意外伤害保险的理赔环节，对每一个事件都要判断其最直接、起决定性作用的事故原因是否符合意外伤害的条件。

二、意外伤害保险的给付方式

（一）死亡保险金的给付

在法律上发生效力的死亡包括生理死亡和宣告死亡。生理死亡是已被证实的死亡，即机体生命活动和新陈代谢的终止；宣告死亡是按照法律程序推定的死亡。保险条款一般规定如下：“在保险期间内，被保险人遭受意外伤害事故，并自事故发生之日起 180 日内因该事故身故的，保险人按意外伤害保险金额给付身故保险金，对该被保险人的保险责任终止。被保险人因遭受意外伤害事故且自该事故发生之日起下落不明，后经人民法院宣告死亡的，保险人按意外伤害保险金额给付身故保险金。但若被保险人被宣告死亡后生还的，保险金受领人应于知道或应当知道被保险人生还后 30 日内退还保险人给付的身故保险金。”当被保险人遭受保险合同约定的意外事故而导致身故，其受益人可以获得合同约定保险金额的身故保险金。身故保险金的给付是一次性的，保险人给付身故保险金后，对该被保险人的保险责任终止。

（二）残疾保险金的给付

1. 单次事故、单处致残情况下的残疾保险金的给付

残疾包括人体组织的永久性残缺，如胳膊断离等；人体器官正常机能的永久丧失，如丧失听觉、视觉、嗅觉、语言机能等。保险合同条款对残疾有明确的分类和定义。

条款一般约定为：“在保险期间内，被保险人遭受意外伤害事故，并自该事故发生之日起 180 日内因该事故造成本保险合同所附《人身保险伤残评定标准（行业标准）》所列伤残之一的，保险人按该表所列给付比例乘以意外伤害保险金额给付伤残保险金。如第 180 日治疗仍未结束的，按当日的身体情况进行伤残鉴定，并据此给付伤残保险金。”如

果被保险人在保险期间内遭受意外伤害，并在责任期限内治疗结束，则可以对其组织残缺程度和器官机能进行伤残鉴定；如果责任期限结束时治疗仍未结束，则以责任期限结束时这一时点上被保险人的组织残缺或器官正常机能的情况确定残疾程度，并按照这一残疾程度给付残疾保险金。

被保险人遭受保险合同约定的意外事故而导致身体残疾，可以按残疾程度对应的给付比例乘以保险金额获得残疾赔偿。关于残疾的鉴定，一般要求是由保险人认可的医疗机构或司法鉴定机构进行鉴定，并出具伤残鉴定诊断书。2013 年，中国保险行业协会、中国法医学会联合发布《人身保险伤残评定标准》，对功能和残疾进行了分类和分级，将人身保险伤残程度划分为一至十级，最重为第一级，最轻为第十级。与人身保险伤残程度等级相对应的保险金给付比例分为十档，伤残程度第一级对应的保险金给付比例为 100%，伤残程度第十级对应的保险金给付比例为 10%，每级相差 10%。残疾保险金的计算公式为：

残疾保险金 = 保险金额×伤残程度给付比例

举个例子，某被保险人投保了意外伤害保险，保险金额为 100 万元，在保险期间内遭受意外伤害事故造成一目失明，伤残程度鉴定为七级，对应的赔付比例为 40%，可以获得的残疾保险金为 100 万元乘以 40%，即可获得 40 万元的残疾保险金。

2. 一次伤害，多处致残情况下残疾保险金的给付

同一保险事故造成两处或两处以上伤残，应首先对各处伤残程度分别进行评定，如果几处伤残等级不同，以最重的伤残等级作为最终的评定结论；如果两处或两处以上伤残等级相同，伤残等级在原评定基础上最多晋升一级，最高晋升至第一级。

举个例子，某位被保险人投保了意外伤害保险，保额为 100 万元，在保险期间内遭受意外伤害事故造成身体两处伤残，其中一处是一肢完全丧失功能，鉴定伤残程度为五级，另一处是双侧耳廓缺失，鉴定伤残程度也是五级。这种情况按照原评定的五级晋升一级，即按四级来计算赔偿金，被保险人可以获得的残疾保险金为 100 万元乘以 70%，即可获得 70 万元的残疾保险金。

3. 多次伤害情况下残疾保险金的给付

被保险人在保险期间内多次遭受伤害，保险人应按每次致残程度分别给付保险金，但累计金额不得超过约定的保险金额。被保险人如果在本次意外伤害事故之前已有伤残，保险人按合并后的伤残程度在《人身保险伤残评定标准》中对应的给付比例给付伤残保险金，但应扣除原有伤残程度在《人身保险伤残评定标准》对应的伤残保险金。

需要特别注意，意外伤害保险的保险金额是意外死亡保险金和残疾保险金合计的总限额。每一位被保险人的意外死亡保险金和残疾保险金的累计给付金额以该被保险人意外伤害保险的保险金额为限。如果被保险人多次遭受意外伤害事故而导致先残疾、后死亡的情

况，被保险人的残疾保险金按上述方法计算，而死亡保险金则为合同约定的保险金额扣除先期给付的残疾保险金后的余额。

（三）意外医疗保险金的给付

被保险人遭受合同约定的意外事故而到医院进行治疗，发生的医疗费用将按合同规定获得赔付。关于医疗费用的赔付，保险条款限定的条件较多，除了责任期限的约定外，通常对就诊医院、医疗费用项目也有一定的限制，如约定在二级及二级以上公立医院就医才属于赔偿范围，还有约定必须符合社保政策报销范围。大部分的条款中会约定每次事故的免赔额和赔付比例，这对保险公司起到一定的经营风险管控作用。

意外医疗保险遵循补偿原则，被保险人不能通过保险赔付而获利，因此规定被保险人如果已从其他途径获得补偿，则保险公司只承担合理医疗费用中剩余部分的赔偿责任。

意外医疗保险金的计算公式为：

意外医疗保险金=（符合赔偿范围的医疗费用-免赔额）×赔付比例

在该公式中，计算需要是先减去免赔额，因此一些小额（如100元以下）的案件是不能理赔的。

（四）意外误工（住院）津贴的给付

意外误工（住院）津贴保险是指被保险人遭受意外伤害而住院治疗，可以按约定的金额获得每日住院津贴保险金的赔付。这项给付与被保险人实际发生的住院医疗费用无关，只要被保险人的病情需要进行住院治疗，就可以获得该项住院津贴。保险条款会约定保单项下的最多给付天数，并有免支付的天数规定，有效地控制经营风险。例如，保险条款约定每日住院津贴的保险金为100元，如果被保险人遭受意外伤害而住院治疗5天，保险公司则支付500元保险金。

第四节　意外伤害保险的常见险种介绍

一、个人意外伤害保险

个人意外伤害保险是指个人被保险人在保险期间内，因遭受意外伤害而导致死亡、残疾时，由保险人按合同规定给付保险金的保险，保险期间一般为一年。这是人身意外伤害保险的主要险种之一，为一种独立经营的险种。个人意外伤害保险具有以下特点：

（一）投保流程简便

个人意外伤害保险是投保人以个人名义为自己或他人购买的保险，一份保单只承保一位被保险人，保险期间为一年，期满可以续保；通常采取趸交的方式缴付保险费。

（二）投保条件较为宽松

个人意外伤害保险对保险对象没有严格的限制，一般只规定投保年龄区间，如 18~65 周岁，凡是身体健康、能正常工作或正常劳动者，在投保规则限定的年龄范围内均可作为被保险人。被保险人在投保时一般也不需要进行体检和健康告知。但是，保险公司为管控好经营风险，对从事高风险职业的人员及被保险人的保险金额有一定的限制。因此，投保人应注意投保规则中对职业的承保范围规定。保险人一般要对未成年人在保额上加以限制，目前是按照《中国保监会关于父母为其未成年子女投保以死亡为给付保险金条件人身保险有关问题的通知》（保监发〔2015〕90 号）中的规定执行。父母为其未成年子女投保的人身保险，在被保险人成年之前，各保险合同约定的被保险人死亡给付的保险金额总和、被保险人死亡时各保险公司实际给付的保险金总和按以下限额执行：第一，被保险人不满 10 周岁的，不得超过 20 万元。第二，被保险人已满 10 周岁但未满 18 周岁的，不得超过 50 万元。同时，投保人已交保险费或被保险人死亡时合同的现金价值、航空意外死亡保险金额和重大自然灾害意外死亡保险金额三项可以不计算在前款规定限额之中。

（三）责任范围较广

个人意外伤害保险承保的责任范围一般对地域没有限制，只要符合保险责任范围，保险公司都承担赔偿责任。关于保险责任的规定，个人意外伤害保险的保险责任一般包括死亡保险金、残疾保险金，即被保险人因遭受意外伤害导致死亡、残疾时，由保险人向受益人或被保险人给付死亡保险金和残疾保险金。此外，个人意外伤害保险还附加意外伤害医疗和意外伤害住院津贴保障，即当被保险人遭受意外伤害，其可以获得医疗费用和住院津贴保险的赔偿。

个人意外伤害保险要特别注意关于除外责任的约定。个人意外伤害保险承保的危险是意外伤害，但并非一切意外伤害都是保险人所承担和保障的。个人意外伤害保险条款会列举出若干条除外责任条款来界定不予承保风险的范围。除外责任一般包括以下几项：投保人的故意行为、被保险人自残或自杀（这与寿险的自杀条款有所区别），被保险人从事犯罪活动、打架斗殴，被保险人接受整容手术及其他内、外科手术的医疗事故，战争、暴乱、核辐射等原因所致的伤害，被保险人从事高风险的活动遭受意外伤害等。关于高风险运动，各家保险公司约定的项目有所区别，一般如潜水、滑雪、蹦极、赛车、攀岩等运动项目都包含在内，这些运动项目造成的伤害保险公司均不承担保险责任。

二、旅行意外伤害保险

旅行意外伤害保险是指以旅行中的游客为保险对象，当其因遭受约定旅行行程中的意外伤害事故而死亡或残疾时，由保险人给付保险金的一种人身意外伤害保险。旅行意外伤害保险可以分为境内旅行意外伤害保险和境外旅行意外伤害保险。一般的旅行意外伤害保险的承保区域是中国境内，仅对在境内的旅行途中的意外伤害事故提供保障，但被保险人要出境旅行时需加付保险费或另外投保境外旅行意外伤害保险。

旅行意外伤害保险的保险期间根据旅行实际安排确定。一般约定自被保险人离开其日常居住地或工作地前往其他国家或地区开始承担保险责任，至回到出发地时保险责任终止。

旅行意外伤害保险的保险责任为被保险人在保险期间内，在保单列明的承保区域内旅行期间遭受意外伤害，导致死亡或残疾，保险公司按约定给付保险金。针对旅行期间面临的多样化风险，保险公司提供的相关保障还包括意外医疗补偿，赔偿旅行期间因意外事故而实际支出的医疗费用；旅行个人责任保障，承担旅行期间因意外事故导致他人身体或财务损失而必须支付给第三方的赔偿金；个人随身物品损失保障，旅行期间被保险人的个人行李、行李中的个人物品以及随身物品被盗窃或抢劫，或者因承运人及任何第三方的责任而损失或损坏，可获得保险公司的赔偿等附加险种。

保险公司针对出境旅行的游客提供的境外旅行意外伤害保险，不仅承保被保险人在旅行过程中因意外事故导致死亡或残疾的风险，还为出境的游客提供各类救援服务和保障，包括医疗运送和转移、身故遗体送返、旅行延误、行李延误、安排住院、行李及旅行证件丢失援助、法律服务、紧急文件递送等。境外旅行保险一般按照前往国家来分类，有些国家在签注时对申请人有持有保单的要求，如申根国家要求提供3万欧元的医疗保险保单。

重要术语

意外　伤害　意外伤害保险　责任期限

复习思考题

1. 意外伤害保险中关于意外伤害是如何界定的？

2. 意外伤害保险具有什么特征？

3. 意外伤害保险责任的构成条件是什么？

4. 意外伤害保险如何确定死亡保险金和残疾保险金的给付方式？

5. 请尝试在网络上找一款意外伤害保险产品，并说出其投保规则、保险责任、除外责任。

第七章　团体保险

学习目标

1. 掌握团体保险的概念、特征
2. 熟悉团体保险的主要产品

第一节　团体保险概述

一、团体保险的概念

《中国保监会关于促进团体保险健康发展有关问题的通知》（保监发〔2015〕14 号）（以下简称《通知》）中对团体保险的定义如下：团体保险是指投保人为特定团体成员投保，由保险公司以一份保险合同提供保险保障的人身保险。《通知》还规定，特定团体是指法人、非法人组织以及其他不以购买保险为目的而组成的团体。特定团体属于法人或非法人组织的，投保人应是该法人或非法人组织，如企业为员工投保团体意外保险，投保人是企业法人；特定团体属于其他不以购买保险为目的而组成的团体的，投保人可以是特定团体中的自然人。团体保险的被保险人在合同签发时不得少于 3 人，特定团体成员的配偶、子女、父母可以作为被保险人。该规定为保险公司开发承保家庭保单提供了政策依据。

团体保险并不是一个险种，而是一种承保方式，是合格的投保人为符合条件的被保险人向保险公司投保，保险公司以团体保单的形式进行承保，即一份保单可以承保多个被保险人，承保对象是团体内被保险人的寿命和身体。2015 年，中国保监会发布的《人身保险公司保险条款和保险费率管理办法（2015 年修订）》（以下简称《办法》）规定，团体保险应当在名称中标明“团体”字样。因此，我们可以从保险产品的名称中判断出是否为团体保险产品。例如，“中国××财产保险股份有限公司团体人身意外伤害保险”，该产品名称中包含“团体”两字，因此该险种适用团体保险业务。

二、团体保险的分类

（一）按照保障范围不同划分

（1）团体人寿保险是指以团体内被保险人的寿命为保险标的，以被保险人在保险期间内死亡或生存到保险期满或约定的年龄为保险事故的一种团体人身保险。团体人寿保险主要包括团体定期人寿保险、团体终身人寿保险等。团体年金保险作为团体人寿保险的一种特殊形态，在实务中往往会单列进行经营。团体年金保险是以团体内被保险人生存为给付保险金条件，并按约定的时间间隔分期给付生存保险金的一种团体人身保险。

（2）团体健康保险是指由保险公司对团体内的被保险人因健康原因或医疗行为的发生给付保险金的保险。团体健康保险主要包括团体医疗保险、团体疾病保险、团体失能收入损失保险、团体护理保险和团体医疗意外保险。

（3）团体意外伤害保险是指当团体内的被保险人因遭受意外事故导致身故或残疾时，保险人给付身故保险金或残疾保险金的一种团体人身保险。团体意外伤害保险主要包括一般团体意外伤害保险、特定职业团体意外伤害保险等。

（二）按照保险费的支付主体不同划分

（1）分担型团体保险是指保险费由投保人及团体成员共同支付的团体保险。

（2）非分担型团体保险是指保险费由投保人或团体成员一方支付的团体保险。

（三）按照保险期间不同划分

（1）长期团体保险是指保险期间超过一年或者保险期间虽然不超过一年但含有保证续保条款的团体保险。

（2）一年期团体保险是指保险期间为一年且不含有保证续保条款的团体保险。团体保险中大部分业务的保险期间为一年期。

（3）极短期团体保险是指保险期间在一个月以内的团体保险，是基于某一个特定风险期间进行投保。例如，团体旅游意外险的保险期间一般为几天，仅对团体中的被保险人在旅行期限的意外事故承担保险责任；团体航空意外险的保险期间为几十分钟至几小时，仅对团体中的被保险人在乘坐飞机期间的意外事故承担保险责任。在实务中，极短期团体保险以意外险为主，像是团体的拓展运动、竞技比赛、会议等活动主办方均要求投保团体意外伤害保险。

三、团体保险的特征

与个人保险相比，团体保险具有以下几个方面的特征：

（一）团体保险的风险选择基于团体

团体保险的风险选择基于团体的整体风险，尽管被保险人是团体中的个体，但一般不需要对团体中的每一位成员进行体检或要求其提供个人健康告知书等，而是对整个团体的职业风险、健康状况、经济能力、投保动机进行评估，对团体的可保性进行判断，通过严格审核投保人和被保险人的资格，对投保团体的规模、参保率、团体成员的年龄结构和职业类别进行筛选，限制保险金额等来控制承保风险。团体保险的保险费也不是按照每个被保险人的风险水平来计算，而是依照投保险种的风险因素，结合团体的不同性质、团体的整体风险情况来厘定费率。例如，团体意外伤害保险一般根据投保团体成员的工作性质、职业类别和相关行业的赔付经验数据来确定保险费。对续保业务，团体保险更多地采用经验费率法，即保险人以该团体的历年（一般是 3~5 年）理赔经验数据为基础，结合团体风险的变化情况来调整下一年的保险费水平。

（二）团体保险以一份保单对所有的被保险人进行承保

团体保险用一张保单为团体成员提供保障，保险人仅提供一份保单或保险合同，并附带被保险人清单，在保单或保险合同中详细规定了保险责任、保险金额和适用保险条款等内容。由于团体的不同成员可以投保不同的保障方案，不同成员投保险种的数量和保险金额都可能存在差别，这就要求保单或保险合同必须清晰地列明每一被保险人的姓名、年龄、性别、投保险种、保险金额、受益人姓名等信息。《通知》规定，保险公司应当及时向被保险人签发保险凭证，投保人和被保险人未要求提供纸质保险凭证的，可以提供电子保险凭证，同时应向被保险人提供网络、电话和柜面等保险凭证查询渠道。保险凭证应当载明保险期间、保险责任范围和被保险人在该团体保险合同项下享有的各项权利以及被保险人和受益人的基本信息（包括姓名、性别、身份证件类型和号码、联系方式）。在实务中，随着互联网技术的发展，保险公司一般在其官网提供查询电子保险凭证的链接界面，方便被保险人进行查询。

（三）团体保险计划相对灵活

在个人保险中，投保人在保险公司提供的固定方案中选择投保，个性化设计的方案较少，基本没有议价的空间。与个人保险的标准化操作相比，团体保险的计划相对灵活，投保人与保险人可以根据团体的不同要求，灵活地对保险责任、责任免除、保险方案、保险费率等内容进行协商。特别是在市场竞争非常激烈的情况下，针对大规模的团体标的，保险公司竞相通过灵活设计有竞争力的保险方案来抢占市场。

（四）团体保险的经营成本和费率较个人保险低

由于团体保险在业务开拓、核保、契约等各个环节的经营成本都远低于个人保险，因此团体保险整体的费率也低于个人保险的费率。团体保险的业务开拓对象是团体的相关经办部门，只要成功签单，即可承保保单项下的所有被保险人，人数为几人到几百人，甚至更多。与个人保险的逐个客户拓展相比，团体保险的销售费用大幅减少。团体保险的核保过程也相对简单，不要求对每个成员进行体检和健康审核，可以节约大量的核保成本和人力成本。从契约的角度来看，一个团体仅出具一张保单或保险合同，节省了大量的单证印刷成本。通常团体的业务规模越大，经营费用的比例越低，保单的费率水平也会随之下降。同时，保险公司在团体保险的经营上加强了对投保团体的筛选和保险责任的限定，减少了逆向选择风险，有效控制了赔付率。团体保险由于经营成本低廉，投保人以较低的价格可以使被保险人获得较高的保险保障。

四、团体保险的功能

（一）经济补偿功能

保险作为一种经济补偿制度，当被保险人出险时，可以按合同约定获得保险金，减轻了企业、家庭和个人的经济负担。团体保险各类险别的赔偿金包括死亡保险金、残疾保险金、生存保险金、医疗保险金、重大疾病保险金等。团体保险的经济补偿功能的发挥，对于被保险人而言，可以缓解其经济压力，提高其生活质量；对于团体而言，可以稳定其财务支出，为员工提供更好的福利，提升员工对企业的归属感，促进企业稳定经营发展。

（二）风险管理功能

团体保险是企业风险管理的重要手段，能有效分散企业的人力资源风险和财务风险，为企业稳定经营提供保障。工伤事故、非工伤事故、疾病等风险具有不确定性，可能导致员工身故、残疾、医疗费用支出、收入减少损失等后果，企业对员工负有一定的责任，企业应选择有效的风险管理手段来转移不确定性事故可能给企业带来的大额赔偿支出风险。显然，团体保险是最好的选择，企业通过支出固定的、少量的保险费，规避了对员工承担的经济赔偿损失，有利于企业生产经营的稳定和长远发展。

（三）社会管理功能

2014 年，国务院颁布的《国务院关于加快发展现代保险服务业的若干意见》（国发〔2014〕29 号）明确提出，把商业保险建成社会保障体系的重要支柱，商业保险要逐步成为个人和家庭商业保障计划的主要承担者、企业发起的养老健康保障计划的重要提供者、社会保险市场化运作的积极参与者。在长期护理保险实施方面，该文件提出，鼓励保险公司发挥市场机制作用，积极参与社会治理，履行社会责任，提升公共服务运营效率，降低制度运行成本，增强参保群众的获得感和幸福感。近年来，多项政策都在提倡扩大商业保险参与医疗保障体系建设的领域和范围以及参与社会养老服务改革提供制度保障。在商业保险成为我国社会保障重要支柱的进程中，团体保险作为主要业务类型，如企业年金是城镇职工养老保险体系的第二支柱，保险公司承办大病保险、经办长期护理保险，商业团体保险将在社会管理领域发挥其优势，成为社会发展的稳定器。

（四）资金融通功能

由于团体保险业务规模大，并且部分业务保险期间长，保险公司将对大量的保险资金进行运作，以期获得收益。团体保险业务的长期性和规模性为保险公司的资金融通提供了资金来源，保险公司对保险资金的有效运作，对资本市场、养老产业、医疗产业等领域进行投资，使其资金融通功能得到了很好的发挥。随着商业保险参与社会管理领域的扩大，团体保险的业务规模将不断扩大，其资金融通功能发挥的空间将不断扩大。

第二节　团体保险的产品介绍

一、团体人寿保险

（一）团体人寿保险的定义

团体人寿保险（简称“团体寿险”）的承保对象是团体内被保险人的寿命，在保险期间内，被保险人因疾病或意外事故导致身故的，保险人承担给付死亡保险金的责任；当被保险人生存到保险期满或约定的年龄，保险人承担给付生存保险金的责任。

《办法》规定，人寿保险和健康保险可以包含全残责任，指被保险人因疾病或意外伤害事故导致身体全残，保险公司给付全残保险金。全残标准一般按照 2013 年中国保险行业协会联合中国法医学会共同发布的《人身保险伤残评定标准》（详见本书附录）中的一级伤残程度为评定标准执行。在实务中，保险公司为提升产品的竞争力，对部分产品承担身故和全残两项保险责任。例如，某保险公司的团体寿险条款中约定：“在本合同有效期内，本公司承担如下保险责任：被保险人身故或全残（全残标准见条款释义），本公司按被保险人的基本保险金额给付身故保险金或全残保险金，本合同对该被保险人的保险责任终止。”

（二）团体人寿保险的特点

团体人寿保险作为团体保险，除了具备寿险的特点，在经营上具有团体的特殊性，主要表现在保险金额的确定、费率的厘定和保险责任的限定等方面。

1. 保险金额的确定

团体人寿保险的承保手续比较简便，不需要每位被保险人提供个人健康告知和进行体检，容易产生逆向选择风险，保险人通常会对团体的参保率有一定的要求（如75%以上甚至100%），同时对不同成员的保险金额要进行合理的匹配并设定一定的限额，保险金额的限额与其收入水平相挂钩。在实务中，员工综合福利保障计划通常根据员工的职位等级来匹配保险金额。例如，某企业按照职位等级分为 A、B、C 三档，其中 A 档的级别最高，该企业的员工福利保障计划中将寿险保险金额设计为 A 档员工 100 万元、B 档员工 50 万元、C 档员工 30 万元。

2. 费率的厘定

团体人寿保险在核保时主要考虑团体和成员的合格性，团体的规模、投保比例，团体成员的年龄结构、整体健康状况、保险金额、从事的职业类别、对保险费的承担比例等因素。在费率厘定上，对首年投保团体，保险公司一般参照表定费率来厘定费率；对续保团体，保险公司主要参考上一年度的承保费率和赔付数据，按照经验费率法来确定。通常，赔付率低的企业可以获得续保费率优惠，赔付率高的企业则由保险公司根据实际情况上调次年费率。

3. 保险责任的限定

团体人寿保险的承保流程简易，没有对每个被保险人的风险进行筛选，大部分保险公司只规定年满 16 周岁，身体健康并能正常工作的人可以作为被保险人。团体人寿保险的保险责任也比较简单，如某保险公司的条款规定：“被保险人因意外伤害或等待期后因疾病导致身故，本公司按该被保险人的保险金额给付身故保险金，本合同对该被保险人的保险责任终止。”为了规避被保险人带病投保的风险，保险公司在条款的除外责任上做了限定，如规定“由于被保险人在本合同生效前的未愈疾病、遗传性疾病、先天性畸形、变形或染色体异常等情形导致被保险人身故，保险公司不承担给付保险金责任”。保险公司通过保险责任的限定来防范经营风险，杜绝道德风险，确保公司的稳定经营。

（三）团体人寿保险的主要产品

1. 团体定期人寿保险

团体定期人寿保险简称“团体定期寿险”，是指企业作为投保人，为团体中符合投保资格的成员投保保险期间为固定期限的死亡保险。团体定期寿险的保险期间通常为一年，一年期满后办理续保。短期寿险产品不具有现金价值，属于消费型保险。

一年期团体定期寿险是企业员工福利保障计划的主要险种，不同被保险人的保险金额可以相同，也可以根据不同的标准有所差别。大部分单位根据被保险人的职级匹配不同的保险金额，职级越高，保险金额相应越高。

2. 团体终身人寿保险

团体终身人寿保险通常是作为团体定期寿险的补充保险签发的，由团体投保人在投保团体定期寿险的基础上，进一步选择终身保险计划，并且要缴纳一定的保险费。团体终身寿险为雇员提供包括退休后的终身人身保障。团体终身寿险具有现金价值。

3. 团体年金保险

团体年金保险是以团体方式购买的年金保险。团体年金保险的投保人一般是企业，被保险人是企业的员工，保险费由企业承担或者由企业和员工共同分担，当被保险人达到退休年龄时，由保险公司一次性或分期给付年金。

二、团体健康保险

（一）团体健康保险的定义

团体健康保险是以团体方式投保的健康保险，当被保险人在保险期间内因疾病或遭受意外伤害导致医疗费用支出、收入损失或其他健康损失时，由保险公司承担给付保险金责任。团体健康保险主要包括团体医疗保险、团体疾病保险、团体失能收入损失保险和团体护理保险等。

团体健康保险是员工福利保障计划的重要组成部分，大部分企业的福利保障计划均包含补充医疗保险、重大疾病保险、失能收入损失保险，为员工提供完善的保障，提升员工对企业的归属感。同时，团体健康保险也是社会保障体系的重要支柱。在医疗保险方面，国家多项政策鼓励保险行业积极参与多层次医疗保障体系建设，如鼓励保险公司开展城市定制型商业医疗保险。近年来，各地推出的“惠民保”产品，作为一种普惠型商业补充医疗保险产品，因其保险费低、保额高、核保较为宽松受到市民的追捧。

（二）团体健康保险的特点

与其他团体保险相比，团体健康保险的特点主要体现在以下几个方面：

1. 给付条件更为严格

团体健康保险承保的人数多，社会影响面广，而且团体健康保险投保流程简易，没有要求被保险人进行健康告知和体检，在承保环节对被保险人的筛选不严格，因此保险公司在经营团体健康保险中理赔风险控制难度非常大。为更好地管控理赔风险，规避道德风险，保险公司对团体保险的给付条件设置相对更为严格。团体健康保险合同中除了常规的除外责任外，还包含一些与健康保险经营风险密切相关的除外责任，如在医疗保险中规定所承保的费用必须是“合理且必要”的费用，因此如果是不合理或非必要的费用，即为除外责任；又如在一些合同中规定因某些既往症导致的医疗费用为除外责任。

2. 承保责任具有可调整性

2019 年，中国银保监会发布的《健康保险管理办法》规定，短期团体健康保险产品可以对产品参数进行调整。产品参数是指保险产品条款中根据投保团体的具体情况进行合理调整的保险金额、起付金额、给付比例、除外责任、责任等待期等事项。在实务中，健康保险除了可以对各险种进行灵活组合外，在符合规定的情况下还可以对产品的承保责任进行调整。

（三）团体健康保险的主要险种

1. 团体疾病保险

团体疾病保险是指当团体被保险人发生保险合同约定的疾病时，为被保险人提供保障的保险。团体疾病保险的主要产品类型是团体重大疾病保险，是企业员工保障的重要组成部分，以缓解员工因罹患重大疾病带来的经济压力。

团体重大疾病保险关于疾病名称和疾病定义以《重大疾病保险的疾病定义使用规范（2020 年修订版）》为准。与个人重大疾病保险相比，团体重大疾病保险承保的疾病种数较少，且一般不进行疾病分组。团体重大疾病保险的保险期间以一年期为主，首年投保时，保险公司可以根据投保单位的团体人数、团体被保险人的平均年龄、年龄结构、健康状况、保险费规模等因素厘定费率。保单即将期满时，投保单位必须进行续保，以确保第二年保单的起保日期与上一年的保险止期衔接，避免出现断保，否则团体成员将失去保障。对续保保单，保险公司一般以上一年或前几年的赔付数据为经验核保的主要依据。对续保业务，保险合同将约定免除等待期，更好地保障被保险人权益。在续保时，投保单位可以选择在原保险公司或其他保险公司投保。

2. 团体医疗保险

团体医疗保险是指按照保险合同约定为团体被保险人的医疗、康复等提供保障的保险。与个人医疗保险一样，团体医疗保险的给付包括费用补偿型和定额给付型。费用补偿型医疗保险的给付金额不得超过被保险人实际发生的医疗、康复费用金额。

随着我国社保医疗保障体系的建立与不断完善，城镇职工基本医疗保险、城镇居民基本医疗保险等保障制度为不同人群提供了基本的医疗保障。当参保人员产生医疗费用，可以在符合社保医疗保险范围进行报销，剩余部分由个人承担。目前，市场上的医疗保险产品主要为社会基本医疗保险未给予保障的相关医疗费用提供保障，称为社保补充医疗保险。

对于保险公司来说，医疗保险经营难度较大。由于被保险人的疾病确诊和诊疗方案均由医院提供，保险公司作为第三方的费用支付方无法控制被保险人的医疗费用，加上医疗保险还面临着冒名顶替、虚假挂床、小病大治等道德风险，因此承保风险的控制难度大。为防止医疗资源的浪费，有效控制医疗费用保险的成本，团体医疗保险对给付项目、给付比例、给付限额都有一定的给付标准。例如，某保险公司的团体医疗保险条款约定："在本合同保险期间内，被保险人在本公司认可的医疗机构接受本合同约定的医疗范围内诊疗的，对于被保险人实际发生的本合同约定范围内的医疗费用，本公司在扣除当地基本医疗保险、公费医疗、城乡居民大病保险、其他费用补偿型医疗保险和其他途径已经补偿或给付的部分后，对其余额按本合同的约定给付保险金。本公司对每一被保险人给付的保险金以本合同约定的该被保险人的保险金额为限，对该被保险人一次或累计给付的保险金之和达到本合同约定的该被保险人的保险金额时，本合同对该被保险人的保险责任终止。"同时，为了有效控制赔付，保险公司对合同的除外责任也做了明确的列举。例如："因下列情形之一，导致被保险人接受诊疗或发生医疗费用的，本公司不承担给付保险金的责任：第一，《中华人民共和国保险法》规定不予支付的事项；第二，被保险人故意犯罪或抗拒依法采取的刑事强制措施；第三，被保险人斗殴，服用、吸食或注射毒品；第四，被保险人酒后驾驶、无合法有效驾驶证驾驶或驾驶无有效行驶证的机动车；第五，被保险人的洗牙、牙齿美白、正畸、烤瓷牙、种植牙或镶牙等牙齿保健和修复；第六，被保险人的视力矫正手术或变性手术；第七，被保险人非因意外伤害导致的整容或矫形手术；第八，应当从工伤保险基金中支付的，应当由第三人负担的，应当由公共卫生部门负担的；第九，在香港特别行政区、澳门特别行政区、台湾地区或中国境外接受诊疗或发生医疗费用的；第十，战争、军事冲突、暴乱或武装叛乱；第十一，核爆炸、核辐射或核污染；第十二，投保人和本公司约定的其他免责事项。"

团体补充医疗保险除了是员工福利保障计划的重要组成外，另一种业务形式是商业保险参与社会医疗保障体系，包括城市定制型商业医疗保险和社保医疗保障的大病保险。广东银保监局官网显示，2021 年上半年，广东银保监局联合拟定广东省城市定制型医疗保险制度框架，推动 14 个地（市）开展定制医疗险项目，累计参保人数近 1 550 万人次。大病保险承保超 7 000 万人，承保范围全国居首。近年来，各个城市推出的城市定制型商业医疗保险的承保对象非常广泛，为了体现普惠性，投保门槛相对较低，如放宽年龄限制或年龄不受限制、对健康状况的要求也相应降低，但各地产品的保险责任相差甚大，在保险责任、除外责任、既往症等约定都有很大的差别。城市定制型商业医疗保险作为新型补充医疗保险，普惠性强、投保门槛低，能够减轻个人和家庭治疗大病的经济负担。通过市场化运作，因地制宜，保障方案体现地域特征，契合参保群众实际医疗保障需求，各地还在不断推广和完善产品功能。《保险公司城乡居民大病保险业务管理办法》（银保监发〔2021〕12 号）指出，大病保险是基本医疗保障制度的拓展和延伸，是对大病患者发生的高额医疗费用给予进一步保障的制度性安排。保险公司凭借其专业技术和服务网络等优势，承办大病保险，以提升服务质量和水平，保护参保群众合法权益。

3. 团体失能收入损失保险

团体失能收入损失保险是以合同约定的疾病或意外伤害导致工作能力丧失为给付保险金条件，为团体被保险人在一定时期内收入减少或中断提供保障的保险。团体失能收入损失保险也是员工福利保障计划的组成部分。目前，在国内，该险种的参保率较低。

4. 团体护理保险

团体护理保险指按照保险合同约定为团体被保险人日常生活能力障碍引发护理需要提供保障的保险。中国银保监会网站显示，截至 2019 年年底，全国有 14 家保险公司参与了全国 15 个省（自治区、直辖市）35 个城市的长期护理保险项目，覆盖人群超过 5 000 万人，为 35. 8 万人提供了长期护理待遇，在提升参保对象生活质量、保证长期护理政策落地实施方面，发挥了积极作用。目前，保险公司参与长期护理试点还处于初级阶段，服务的内容也多集中在资金支付、稽核审查、政策宣传等方面。当然，目前还有一些公司也参与了护理服务机构准入、考核，包括培训工作等，一些地方正在推进保险公司发挥精算优势、防控风险优势，参与护理保障方案设计以及失能情况评审、信息系统建设等工作。中国银保监会将加强与国家医保局的沟通合作，支持保险公司积极参与长期护理保险试点，为老龄化挑战贡献行业力量。2021 年 5 月，中国银保监会发布《中国银保监会办公厅关于规范保险公司参与长期护理保险制度试点服务的通知》，以进一步推动保险行业做好长期护理保险制度试点服务工作，规范保险公司经营服务行为，推动行业发挥专业优势参与社会治理，履行社会责任，增强参保群众的获得感和幸福感。

三、团体意外伤害保险

（一）团体意外伤害保险的定义

团体意外伤害保险是指当团体内的被保险人因遭受意外事故导致身故或残疾时，保险人给付身故保险金或残疾保险金的一种团体保险。

（二）团体意外伤害保险的特点

团体意外伤害保险的参保资格与团体健康保险的要求基本相似，团体中的成员一般都具有参保资格。但是，有时保险公司也会设定一些限制条件，如符合规定的职业类别的员工才具有参保资格，或者要求全员投保，以防止企业仅为高风险人员投保的逆向选择风险。

在团体意外伤害保险中，被保险人一旦脱离投保的团体，保单效力对该被保险人自离开该团体之日起即行终止，但对其他被保险人仍然有效。投保团体可以为该被保险人办理退保手续。在保险实务中，如果在保险期间内未发生任何形式的保险金给付的被保险人离职，投保人可以申请将其与新加入员工进行更换，无须办理退保和投保手续，也无须增减保险费，该保全项目为“变更被保险人”。如果仅仅是被保险人离职，则保险人通常要按未经过保险费收取一定的管理费后退还剩余保险费，该保全项目为“减少被保险人”。如果有新入职员工，保险人按短期保险费进行收费，新增人员的保险期间与原保单一致，该保全项目为“增加被保险人”。

一年期的团体意外伤害保险的保险费率根据所在行业的性质和被保险人的职业类别确定。保险费率按不同职业的危险程度设定不同的档次，同时还考虑团体规模、参保人数等因素。续保期保险费主要根据上一年的经验对保险费进行调整。保险公司对特殊行业、工种按危险程度加收保险费甚至拒保。

对保险期间不足一年的极短期的团体意外伤害保险的保险费率有两种确定方法：一是以一年期团体人身意外伤害保险的费率为基础，按短期费率表计算；二是针对保险期间只有几周、几天甚至几小时的极短期团体意外伤害保险，按被保险人从事活动的性质分类，如旅游者、飞机旅客、长途汽车旅客、登山者、参加体育比赛者等分别确定保险费率。

（三）团体意外伤害保险的主要产品

1. 一般团体意外伤害保险

一般团体意外伤害保险对承保对象、保险期间等没有特殊的限制，只要被保险人因意外伤害造成身故或残疾时，保险人按照合同规定给付身故保险金或残疾保险金。团体意外伤害保险是员工福利保障计划最基本的险种，企业在资金不充足的情况下往往会只投保意外伤害保险和意外医疗保险，以转移员工的工伤风险可能给企业带来的赔偿损失。团体意外伤害保险通常根据企业员工的职业类别进行分类，每种职业类别的费率具有差异性。

2. 特定职业团体意外伤害保险

特定职业团体意外伤害保险针对某些特定职业团体内被保险人在面临职业风险时承担意外伤害保险责任。目前，市场上最常见的特定职业团体意外伤害保险是建筑工程意外伤害保险。其产品特点如下：

（1）保险费的计收方式。建筑工程意外伤害保险的保险费计收方式通常包括以下几种：第一，按被保险人人数计收；第二，按建筑工程项目总造价计收；第三，按建筑工程施工总面积计收。

（2）保险期间。建筑工程意外伤害保险的保险期间通常以工期为准，根据建筑工程期限的长短确定。因为各种客观原因造成工程停顿，投保人可以通过书面形式向保险公司申请暂时中止合同及其附加合同。工程重新开工后，投保人可以通过书面形式向保险公司申请恢复合同及其附加合同的效力。合同保险期间届满工程仍未竣工的，投保人可以办理延期手续，投保人没有办理延期手续的，则保险合同保险期间届满后保险公司不再承担保险责任。如果建筑工程在合同保险期间内提前竣工则保单责任自行终止。

（3）保险责任范围。建筑工程意外伤害保险通常约定的责任范围是团体被保险人因从事建筑施工及与建筑施工相关的工作，或者在施工现场或施工期间指定的生活区域内遭受意外伤害。

建筑工程意外伤害保险的保险责任与一般团体意外伤害保险的保险责任相比，主要区别在于基于建筑工程内雇佣工人的风险及雇佣关系形成的特殊性。建筑工人受雇于建筑工程的分包商或总包商，而不受雇于建筑工程的拥有者（业主）。其雇佣手续在实际操作中较为简易，无长期劳动合同，大多为现金短期结付的非正式合同，甚至为口头约定性合同。此外，建筑工程内劳动的工人具有流动性较高的特征。

（4）保险费率的厘定。在建筑工程意外伤害保险的团体保单洽谈及约定承保时，投保人往往无法提供在承保期间内所有需参保工人的全部名单，因此建筑工程意外伤害保险很少采用按被保险人人数来厘定费率的方式。在厘定费率时，保险人往往通过对建筑承包商的资质及各项建筑工程的风险指标来判断工人在该工地内导致意外的风险程度和风险频率，并按照工程项目总造价或工程施工总面积来厘定费率。

（5）保险金的赔付。在后期的保险金赔付过程中，投保人及被保险人提供理赔申请时，核定出险人身份，即是否为团体合同中约定的被保险人成为一个难点。此外，由于建筑工人流动性较大和兼职工作可能性较大，被保险人是否因从事建筑施工及与建筑施工相关的工作，或者在施工现场或施工期间指定的生活区域内遭受意外伤害也是该保险是否承担保险责任的关键点。因此，建筑工程意外保险往往要求投保单位在工人出险后尽快通知保险公司，以便保险公司介入调查，以确定被保险人身份和赔偿范围。

重要术语

团体保险　团体人寿保险　团体意外伤害保险　团体健康保险

复习思考题

1. 与个人保险相比，团体保险具有哪些特征？

2. 团体保险的功能是什么？

3. 请查找某一地区城市定制型补充医疗保险产品，介绍其投保规则、保险责任、责任免除等产品内容。

第八章　年金保险

学习目标

1. 掌握年金保险的分类
2. 掌握商业养老年金保险的概念和分类
3. 掌握企业年金与商业养老年金保险的区别
4. 了解企业年金的特点、运作流程及管理
5. 了解职业年金的概念和制度

在老龄化趋势下，世界各国老年保障制度面临越来越大的压力。为缓解这一难题，世界银行耗时两年，在全球范围内进行了深入考察，最终于 1994 年形成研究报告——《防止老龄危机：保护老年人促进增长的政策》。该政策提出了“三大支柱”的养老保障体系，即建立包括基本养老保险、团体补充养老保险、个人养老金的多层次养老保障体系，充分发挥“三大支柱”各自的优势和职能。

年金属于养老保险的范畴。在我国，从运作形态上划分，年金分为商业养老年金保险和政策性补充养老保险（企业年金和职业年金）两大类。目前，基本养老保险是我国在职人员退休后养老收入的主要来源，但是因为历史遗留问题较多，在老龄化的压力之下，基本养老保险可提供的保障程度有限。个人养老金（包括个人储蓄和商业养老年金保险）仍是个人养老保障的重要来源。团体补充养老保险（企业年金和职业年金）处于发展初期，正在稳步提升。

第一节　商业养老年金保险

一、商业养老年金保险的定义

商业养老年金保险是指被保险人在缴费期一次性或分期缴纳保险费，在自己年老退休或丧失劳动能力后由保险人负责给付养老金的一种生存保险。目前，保险市场上绝大多数商业养老年金保险产品都是限期缴费的商业养老年金保险，即投保人按期缴付保险费到特定年限时开始领取养老金。如果年金受领者在领取年龄前死亡，保险公司或者退还所缴纳的保险费和现金价值中的较高者，或者按照合同约定的保额给付保险金。

二、商业养老年金保险的特点

商业养老年金保险具有生存保险的功能。被保险人只要生存，通过商业养老年金保险都能在一定时期内定期领取一笔保险金，以达到养老的目的。因此，商业养老年金保险又称为商业养老保险。商业养老年金保险的保险费有多种缴纳方式，但在被保险人领取年金以前，投保人必须缴清所有的保险费，其保险金给付周期有年、半年、季度、月度等不同频率。商业养老年金保险可以在一定程度解决老年人退休后经济来源问题，因此各国对商业养老年金保险都十分重视。

商业养老年金保险的主要特点如下：

第一，投保人要在开始领取年金之前，缴清所有保险费，不能边缴保险费，边领取年金。

第二，商业养老年金保险可以有确定的期限，也可以没有确定的期限，但均以商业养老年金保险的被保险人生存为支付条件。在年金受领者死亡时，保险人立即终止支付。

第三，投保商业养老年金保险可以使晚年生活得到经济保障。人们在年轻时节约闲散资金缴纳保险费，年老之后就可以按期领取固定数额的保险金。

第四，投保商业养老年金保险对年金购买者来说较为安全可靠。因为保险公司必须按照法律规定提取责任准备金，而且保险公司之间的责任准备金储备制度可以保证即使投保人购买的商业养老年金保险的保险公司停业或破产，其余保险公司仍会自动为购买者分担年金给付责任。

三、商业养老年金保险的分类

（一）按缴费方法不同划分

商业养老年金保险按照缴费方法不同，可以分为一次性缴费（趸缴保险费）商业养老年金保险和分期缴费商业养老年金保险。

1. 一次性缴费（趸缴保险费）商业养老年金保险

一次性缴费（趸缴保险费）商业养老年金保险是指投保人一次性全部缴清保险费，之后从约定的年金给付日起，受领人按期领取年金。

2. 分期缴费商业养老年金保险

分期缴费商业养老年金保险是指投保人在保险金给付开始日之前分期缴纳保险费，在约定的年金给付开始日起按期由受领人领取年金。

（二）按年金给付开始时间不同划分

商业养老年金保险按年金给付开始时间不同划分，可以分为即期年金和延期年金。

1. 即期年金

即期年金是指在投保人缴纳所有保险费且保险合同成立生效后，保险人立即按期给付保险年金的商业养老年金保险。通常，即期年金采用趸缴方式缴纳保险费，因此趸缴即期年金是即期年金的主要形式。

2. 延期年金

延期年金是指保险合同成立生效后且被保险人达到一定年龄或经过一定时期后，保险人在被保险人仍然生存的条件下开始给付年金的商业养老年金保险。

（三）按被保险人不同划分

商业养老年金保险按被保险人不同划分，可以分为个人年金、联合年金、联合及生存者年金和最后生存者年金。

1. 个人年金

个人年金又称单生年金，被保险人为独立的一人，以其生存为给付条件。

2. 联合年金

联合年金是指两个或两个以上的被保险人中，只要其中一个人死亡则保险金给付终止的年金。联合年金是以两个或两个以上的被保险人同时生存为给付条件的。

3. 联合及生存者年金

联合及生存者年金是指两个或两个以上的被保险人中，在约定的给付开始日，至少有一个人生存即给付保险年金，直至最后一个生存者死亡为止的年金。因此，联合及生存者年金又称联合及最后生存者年金。但是，联合及生存者年金给付数额通常规定，若一个人死亡则年金按约定比例减少金额。此种年金的投保人多为夫妻。

4. 最后生存者年金

最后生存者年金是指以两个或两个以上被保险人中至少尚有一个人生存作为年金给付条件，并且给付金额不发生变化的年金。

（四）按给付期限不同划分

商业养老年金保险按给付期限不同划分，可以分为定期年金、终身年金和最低保证年金。

1. 定期年金

定期年金是指保险人与被保险人有约定保险年金给付期限的商业养老年金保险。定期年金有两种：一种是确定年金，即在约定的给付期限内，无论被保险人是否生存，保险人都得给付年金直至保险年金给付期限结束；另一种是生存年金，即在约定的给付期限内，只要被保险人生存就给付年金，直至被保险人死亡为止。

2. 终身年金

终身年金是指保险人以被保险人死亡为终止给付保险年金的时间的年金，即只要被保险人生存，被保险人将一直领取年金。但是，一旦被保险人死亡，给付终止。对于长寿的被保险人而言，该险种最为有利。

3. 最低保证年金

最低保证年金是为了防止被保险人过早死亡而丧失领取年金权利产生的商业养老年金保险形式。最低保证年金有两种给付方式：第一种是按给付年度数来保证被保险人及其受益人的利益。该种最低保证年金形式确定了给付的最少年数，若在规定的期限内被保险人死亡，指定的受益人将继续领取年金直到期限结束。第二种是按给付的金额来保证被保险人及其受益人的利益。该种最低保证年金形式确定了最低给付的金额，当被保险人领取的年金总额低于最低保证金额时，保险人以现金方式一次或分期退还其差额。第一种方式为确定给付年金，第二种方式为退还年金。

（五）按保险年金给付额是否变动划分

商业养老年金保险按保险年金给付额是否变动划分，可以分为定额年金与变额年金两种。

1. 定额年金

定额年金的年金给付额是固定的，不因为市场通货膨胀的变化而变化。

2. 变额年金

变额年金通常具有投资分离账户，变额年金的保险年金给付额随着投资分离账户的资产收益不同而不同。通过投资，变额年金可以在一定程度化解通货膨胀对年金领取者生活状况的不利影响。

四、商业养老年金保险的积累期和清偿期

商业养老年金保险具有积累期和清偿期。积累期为年金资金积累的一段时期。清偿期为年金向受领人给付资金的时间，一旦年金受领人死亡，保险公司的义务则依据死亡是发生在积累期还是清偿期而有所不同。

在年金的积累期，如果年金购买者死亡，则保险公司有义务退还全部或部分年金。

经过积累期后，资金累积到了一定额度。在年金受领人到达开始给付年金的年龄时，保险公司要按照合同规定，每期给付年金。此时，年金的额度和形态都是固定的。

一般而言，终身年金给付可以分为纯终身给付和具有退还保险费的年金给付两种形态。纯终身年金又称普通终身年金，它提供的年金给付一直到年金受领人死亡为止。一旦年金受领人死亡，保险公司一般不把保险费退还给年金受领人的遗产继承人或受益人。具有退还保险费性质的年金包括确定并继续终身年金或确定分期给付终身年金、分期退费年金和现金退还年金几种。确定并继续终身年金是指不管年金受领人生存或死亡，都能够获得有保证的月给付或年给付次数。如果受领人生存超过保证期限，则年金的给付将继续到受领人死亡为止。通常，保险合同上规定的年限为 5 年、10 年、15 年或 20 年。保证期限越长，给付的金额越少。分期退费年金是指年金受领人死亡时，如果已经领取的年金收入总额少于为领取年金支付的成本，年金收入仍将继续给付受益人，直到领完为止。现金退还年金是指将年金受领人收入总额与领取年金所支付的成本之间的差额以现金的形式一次性地给付受益人。对相同的保险费，现金退还年金提供的给付比分期退费年金的给付少，这是因为相对于现金退费的年金，保险公司丧失了能够赚取的利息。

第二节　政策性补充养老保险——企业年金

一、企业年金的概念

企业年金是指在政府强制实施的基本养老保险制度之外，企业在国家政策的指导下，根据自身经济实力和经济状况建立的，旨在为本企业职工提供一定程度退休收入保障的制度。我国的企业年金政策法规对企业年金的定义如下：企业年金是指企业及其职工在依法

参加基本养老保险的基础上，自主建立的补充养老保险制度。

企业年金最主要的核心功能是减少养老的负担和压力，提升职工退休后的收入占退休前收入的比例（替代率），为退休后生活水平提供一定的保障。基于此功能，对于企业而言，实施企业年金能够提升企业整体福利水平。作为薪酬计划的一部分，企业可以通过企业年金方案的设置吸引和留住人才。对于职工个人而言，其通过在职期间的缴费积累，在退休时可以提升个人的替代率水平，减少退休后的收入落差。

二、企业年金与商业养老年金保险的区别

作为“三大支柱”养老保障体系的重要组成部分之一，国家鼓励企业建立企业年金。企业年金与商业养老年金保险有明显区别，在资金性质、运营机构、管理模式、领取模式、税收法规等方面与商业养老年金保险的差异较大。

（一）资金性质不同

商业养老年金保险的保险费属于保险资金性质，企业向保险公司缴纳的保险费纳入保险资金运用和监管范畴。企业年金缴纳和累计的资金在性质上属于信托资金范畴，虽然资金仍需委托专业机构运营，但是资金独立于管理机构的资产，也与企业自身的资产负债不构成关联。

（二）运营机构不同

商业养老年金保险属于保险产品，由保险公司负责产品设计、销售、承保和给付，由中国银保监会和各地派驻机构负责监管。企业年金的运营涉及多个管理机构和多个角色，不局限于保险公司，实际运营机构包括具有企业年金对应资格资质的银行、保险公司、证券公司、资产管理公司等。

（三）管理模式不同

商业养老年金保险是基于保险契约模式下的运营管理，保险契约的主要关系人包括投保人、保险人、受益人。保险契约在投保人和保险人之间形成，投保人拥有基于契约约定的权利和履行缴费的义务。企业年金是基于信托模式形成的信托关系，主要关系人包括委托人、受益人、受托人、托管人、投资管理人、账户管理人等。

（四）领取模式不同

商业养老年金保险的领取方式包括一次性领取、分期领取。分期领取可以选择终身领取，也可附加一定期限的保证领取承诺。作为商业保险产品，其产品设计根据领取方式的不同，对应不同的精算模型。企业年金的领取则仅限于企业和职工个人的缴费与投资收益积累，以领取时个人账户的资金额度为限，只能针对这笔资金选择一次性领取或分期领

取。因此，企业年金的领取与商业养老年金保险差异明显，企业年金的直接领取不涉及保险保障，无须使用生命表进行精算设计。但是，现有企业年金领取方式允许领取人员将企业年金个人账户资金全部或部分购买商业养老年金保险产品，从而实现与商业养老年金保险的对接和间接享受保险保障功能。

（五）税收法规不同

国际通行的商业养老年金保险的税收处理模式以缴费环节纳税（TEE 模式）、领取环节纳税（EET 模式）两种模式为主。这两种模式各有优劣，以往国内所有商业养老年金保险均采用 TEE 模式，为促进补充养老保险的覆盖率，将养老性质的商业养老年金保险税收模式由 TEE 模式转变为 EET 模式的呼声逐渐增大。在购买保险和领取保险金的时候，由于投保人处于不同的生命阶段，其边际税率有非常大的区别，EET 模式对投保人有一定的税收优惠，从而能拉动个人购买养老保险的需求。

目前，国内商业养老年金保险基本采取 TEE 模式，即在缴费环节纳税，投保人使用税后收入购买商业养老年金保险，进入领取环节后领取金额无须再缴纳税金。2018 年 4 月 2 日，财政部等五部门发布的《关于开展个人税收递延型商业养老保险试点的通知》提出，上海市、福建省（含厦门市）和苏州工业园区先行试点，在试点地区取得工资薪金、连续性劳务报酬所得的个人以及个体工商户、个人独资企业投资者等纳税人均可投保，从而启动商业养老年金保险 EET 模式的试点。

与商业养老年金保险不同，企业年金在国内试行初期沿用 TEE 模式，后调整为 EET 模式。2013 年，财政部、人力资源和社会保障部、国家税务总局出台《关于企业年金职业年金个人所得税有关问题的通知》（财税〔2013〕103 号），正式明确企业年金单位缴费在计入个人账户时，个人暂不缴纳个人所得税。个人缴费部分，在不超过本人缴费工资计税基数 4%的标准内的部分，暂从个人当期应纳税所得额中扣除。

三、企业年金与劳动关系

企业年金是劳动关系的延伸。劳动关系是雇主和雇员之间发生的社会关系，围绕劳动力的使用和劳动报酬支付而发生的交易是劳动关系的核心内容。现代企业员工薪酬应当包括当期分配和延期分配，即“一揽子薪酬方案”。企业年金是延期分配的重要形式之一。因此，在法理的基础上，劳动法、劳动合同法是企业年金政策拟定的重要法律依据。在企业年金实施过程中，缴费和分配的确定、单位缴费的归属、争议解决等均服务于劳动关系，受劳动合同制约。

企业年金方案设计需要综合考虑企业的经济负担能力和持续缴费能力，并兼顾效率与公平。在效率方面，企业年金需要服务于企业人力资源战略和整体薪酬福利规划，能够体现激励机制。在公平方面，企业需要保障企业年金的普适性和广泛覆盖性，避免企业的补充养老福利向少数人过度倾斜的情形，应平衡所有参加人员的权益水平。

四、企业年金的特点

企业年金的诞生基于一系列政策法规的出台，与完善多层次养老保障体系的目标息息相关。作为企业综合福利保障制度的一部分，企业年金在方案拟定和执行上，需要体现企业与职工的权益。因此，企业年金具有政策性、独立性、自主性、民主性的特点。

（一）企业年金的政策性非常强

企业年金是基于政策法规产生的补充养老保险。在企业年金的运行过程中，各个主要流程和环节均需严格按照政策法规指引执行。企业为职工缴纳企业年金前，需要制定内部企业年金方案并经法规规定的监管部门（各地人力资源和社会保障行政机构）批复后方可建立企业年金计划，按照年金方案规定的规则进行缴费和运营。企业不能像购买商业养老年金保险那样由企业自行决定是否继续缴费或终止企业年金计划，也不能随意更改正在执行的企业年金方案，方案变更需要向监管部门报备获批后方可执行。因此，企业年金执行中政策性非常强，政府监管部门对企业年金运营实行全流程指导和监管。

由于企业年金补充养老保险的天然属性，其主要功能是在职工退休后提供一定补充养老待遇，因此企业年金的领取条件相对严格，参加企业年金的职工需要参照退休的标准确定领取条件。若职工不在基本养老保险覆盖范围内，则企业年金也可以提前领取。按照国内企业年金的政策，目前仅在符合以下四种条件之一时，方可领取企业年金：

（1）达到国家规定的退休年龄。

（2）未达到国家规定退休年龄时，经劳动能力鉴定委员会鉴定，因病（残）完全丧失劳动能力办理病退。

（3）退休前身故。

（4）出国（境）定居。

（二）企业年金基金的独立管理机制

作为职工的补充养老保险基金，企业年金基金财产独立于企业和企业年金管理机构以及其他为企业年金基金管理提供服务的自然人、法人或其他组织的固有财产及其管理的其他财产。企业年金基金必须独立建账、独立核算，与企业自身资产负债严格区分，在专业机构的管理过程中必须与其管理的其他财产分开经营。年金管理机构在管理不同企业年金计划时，也需将不同企业的年金基金单独设置账户、独立核算、分账管理。企业年金基金财产的管理、运用或其他情形取得的财产和收益，应当归入基金财产。

参加企业年金计划的企业或企业年金基金管理机构出现破产清算等情形时，已缴纳的企业年金基金不纳入清算范畴。若出现企业并购、重组、破产清算等导致企业年金无法继续缴费的情形，年金基金的权益归属需明确，即将企业年金基金全部归属至参加年金计划的职工，并按照法规规定的流程办理企业年金计划终止的手续。企业年金计划终止后，职工企业年金个人账户资产由企业年金管理机构继续投资和运营管理。符合条件后，职工个人可以办理企业年金转移或待遇领取手续。

（三）企业年金由企业自主确定是否实施

基本养老保险作为养老保障体系中的第一支柱，具有强制性的特点，企业必须按照政策法规参加基本养老保险。强制性的要求确保基本养老险的覆盖率和公平性，能够满足企业职工退休后基本养老金的领取。但是，作为基本养老保险补充的企业年金，则可以由企业根据自身经营和人力资源战略的需要综合评估是否实施，政策不强制要求企业必须为职工建立企业年金计划。

作为企业职工的养老保障福利之一，企业年金的缴费、分配、归属等规则与企业职工息息相关。这些条款与企业资金投入和人力资源管理规划相关度较高，作为一项长期的福利政策，为保障其长期持久性、与企业经营的匹配度，法规赋予企业充分的自主调整的权限，企业可以在法规限制的范围内拟定适合企业自身的企业年金方案规则。不同企业的缴费、分配、归属规则和企业年金开始实施的时期可能存在较大差异。

（四）企业年金在决策过程中必须通过民主决议流程

因为企业年金关系到参加职工的补充养老待遇水平，所以基于公平性考量，企业年金的建立和实施过程中的变更等影响参加职工利益的情形均需通过企业内部民主决议流程，体现大多数职工的意愿。建立民主协商制度是企业年金实施的先决条件。建立企业年金，企业应当与职工通过集体协商确定，并制订企业年金方案。企业年金方案应当提交职工代表大会或全体职工讨论通过。当企业内部情况变动或外在法律法规发生变更等情形出现，导致企业年金方案需要发生变更，企业与职工可以根据本企业情况，按照国家政策规定，经协商一致，变更企业年金方案。

五、企业年金的计划管理

与基本养老保险统筹账户和个人账户相结合的管理模式不同，企业年金采取个人账户、完全积累的模式，即企业年金按照企业和职工协商确定的缴费分配方式和缴费频率直接进入职工的个人账户，资金完全积累，达到企业年金方案约定的完全归属条件，则企业缴费和投资收益100%属于职工个人。

（一）企业年金的账户设置

每一个企业的企业年金计划下，均设置企业账户和个人账户，个人缴费100%进入个人账户，企业缴费按照方案约定的分配方式进入个人账户。企业年金的账户设置如图8-1所示。

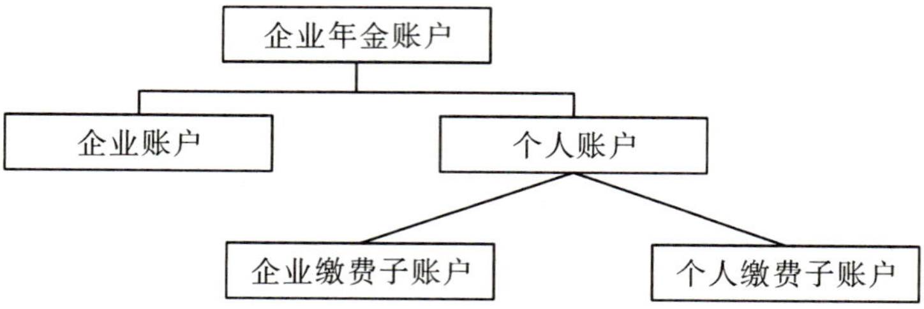

图8-1　企业年金的账户设置

企业账户是指以单位名义开立的账户，用于记录暂时未分配至职工个人账户的单位缴费及其投资收益；个人账户是指以职工个人名义开立的账户，用于记录分配给职工个人的单位缴费、职工个人缴费及其投资收益。

（二）企业年金的缴费记录和分配

企业年金基金来源包括企业缴费、职工个人缴费、企业年金基金投资运营收益。

企业年金缴费包括企业缴费和个人缴费，个人缴费全部进入个人账户，记录在个人账户下的个人缴费子账户中。企业缴费按照企业制定并经人力资源和社会保障部门备案通过的企业年金方案中约定的分配方式和分配频率进入企业账户和个人账户。其中，进入个人账户的企业缴费，全额计入个人账户下的企业缴费子账户中。

企业账户的资金来源包括以下两个部分：

第一部分是企业缴费时暂未进入个人账户的部分。该部分资金可以作为对临近退休人员的补偿缴费资金来源，一次性或分批逐步分配给符合条件的人员。

第二部分是离职人员离开企业时，职工企业年金个人账户中企业缴费及投资收益未归属职工个人的权益。

对职工企业年金个人账户中企业缴费及其投资收益，企业可以与职工一方约定其自始归属于职工个人，也可以约定随着职工在本企业工作年限的增加逐步归属于职工个人，完全归属于职工个人的期限最长不超过8年。对职工离职时未归属于其个人的企业缴费及投资收益，在其离职时按照企业年金方案约定的归属比例从个人账户再划拨至企业账户中。

为保障职工的权益，企业账户中的企业缴费及其投资收益应当按照企业年金方案确定的比例和办法计入职工企业年金个人账户。除了对临近退休人员进行补偿外，企业账户余额的分配办法还可以通过集体协商另行制定，并经民主程序审议通过后实施，但不得用于抵缴未来年度的单位缴费。

职工达到领取条件后，其企业年金领取金额以个人账户累计金额为限（包括从企业账户划入个人账户的资金及其投资收益）。

（三）企业年金的账户保留和转移

对于大部分企业职工而言，企业年金缴费积累期间较长，若离职时不满足领取条件，则企业年金个人账户需要继续保留和运作。其具体处理方式如下：

职工变动工作单位时，职工新就业单位已经建立企业年金或职业年金的，原企业年金个人账户权益应当随同转入新就业单位企业年金或职业年金。

职工新就业单位没有建立企业年金或职业年金的，或者职工升学、参军、失业期间，原企业年金个人账户可以暂时由原管理机构继续管理，也可以由法人受托机构发起的集合计划设置的保留账户暂时管理。原受托人是企业年金理事会的，由企业与职工协商选择法人受托机构管理。

若企业年金方案终止，职工原企业年金个人账户由法人受托机构发起的集合计划设置的保留账户暂时管理。原受托人是企业年金理事会的，由企业与职工一方协商选择法人受托机构管理。

六、企业年金的运营模式和治理结构

企业年金是采用信托模式进行运营的，由企业年金专业机构进行运营管理。企业年金日常运营中涉及四个不同的管理角色：受托人、托管人、投资管理人、账户管理人。企业和职工建立企业年金，应当确定企业年金受托人，由企业代表委托人与受托人签订受托管理合同。受托人再根据职责区分选择企业年金计划投资管理人、托管人和账户管理人。

企业年金受托人、托管人、投资管理人、账户管理人均需具备法规规定的条件且经人力资源和社会保障部门授予企业年金管理资格后，方可经营对应资格的企业年金业务。企业年金的运营模式如图 8-2 所示。

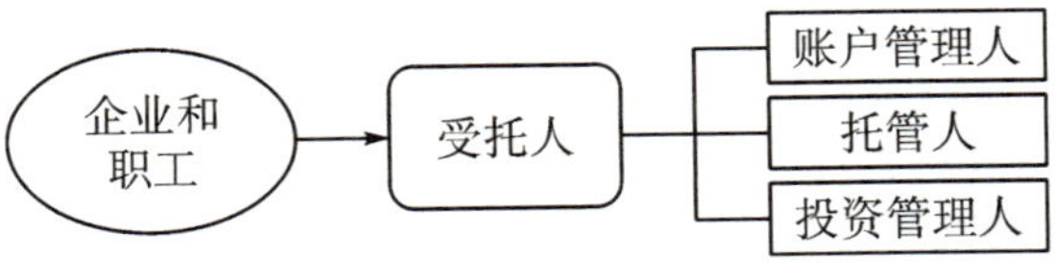

图 8-2　企业年金的运营模式

（一）企业年金的信托模式

《中华人民共和国信托法》规定，信托具有长期财产管理与资金融通功能。在信托关系中，信托财产的运作一般不受受托人经营状况和债权债务关系的影响，具有独立的法律地位，信托财产与属于受托人所有的财产相区别，不得归入受托人的固有财产或者成为其固有财产的一部分；受托人有权根据信托文件的规定处理信托事务；受托人更迭一般不影响信托的存续，等等。这些法律规定为受托人长期管理和运用信托财产以及委托人实现转移和管理财产的长期安排都提供了制度上的保障，而这种制度保障恰恰与企业年金的运营管理要求相吻合。《中华人民共和国信托法》的法律关系保障了受益人的权益，使受托人的权利和义务充分对等，同时也保障了信托关系中相关角色之间职能的清晰界定。因此，建立以信托关系为核心，以委托-代理关系为补充的年金基金治理结构适用于我国的企业年金制度。《中华人民共和国信托法》是规范我国企业年金基金管理、明晰企业年金基金管理中相关角色定位及职权范围的基本法律之一。

在信托型企业年金基金治理结构中，企业和职工与计划受托人之间建立信托关系，依照《中华人民共和国信托法》的有关规定执行；计划受托人与投资管理人、账户管理人、托管人之间建立委托关系，按照《中华人民共和国合同法》的有关规定执行。计划受托人对受托的企业年金基金财产具有管理、处分的全部权利和责任，但并不意味着受托人有担任受托企业年金基金财产的账户管理人、投资管理人和托管人的法律资格的实际行为能力。当受托人不具备担任账户管理人、托管人和投资管理人的法律资格的实际行为能力时，受托人必须将部分或全部职能委托给第三方法人机构承担，但是基金托管人职能必须对外委托，这是当前世界性企业年金发展的主流趋势，也是适用于我国的企业年金制度。第三方法人机构按照计划受托人要求和合同约定提供基金托管、投资管理人和账户管理服务。

（二）企业年金的受托人

企业年金的受托人是指受托管理企业年金基金的符合国家规定的养老金管理公司等法人受托机构或企业年金理事会。企业和职工建立企业年金，应当确定企业年金受托人，由企业代表委托人与受托人签订受托管理合同。受托人再与企业年金基金账户管理人、企业年金基金托管人和企业年金基金投资管理人分别签订委托管理合同。受托人可以是符合国家规定的法人受托机构，也可以是企业按照国家有关规定成立的企业年金理事会。

企业年金法人受托机构是指按照国家规定具有企业年金受托管理资格的银行、养老保险公司、信托公司等法人机构。

企业成立企业年金理事会作为受托人的，企业年金理事会应当由企业和职工代表组成，也可以聘请企业以外的专业人员参加，其中职工代表应不少于1/3。理事会应当配备一定数量的专职工作人员。企业年金理事会中的职工代表和企业以外的专业人员由职工大会、职工代表大会或其他形式民主选举产生。企业代表由企业方聘任。

受托人的主要职责如下：

（1）选择、监督、更换账户管理人、托管人、投资管理人。

（2）制定企业年金基金战略资产配置策略。

（3）根据合同对企业年金基金管理进行监督。

（4）根据合同收取企业和职工缴费，向受益人支付企业年金待遇，并在合同中约定具体的履行方式。

（5）接受委托人查询，定期向委托人提交企业年金基金管理和财务会计报告。发生重大事件时，受托人应及时向委托人和有关监管部门报告。受托人应定期向有关监管部门提交开展企业年金基金受托管理业务情况的报告。

（6）按照国家规定保存与企业年金基金管理有关的记录自合同终止之日起至少15年。

（三）企业年金的账户管理人

账户管理人是指接受受托人委托管理企业年金基金账户的专业机构。账户管理人的职能主要是记账。账户管理人的主要职责如下：

（1）建立企业年金基金的企业账户和个人账户。

（2）记录企业、职工缴费以及企业年金基金的投资收益。

（3）定期与托管人核对缴费数据以及企业年金基金账户财产变化状况，及时将核对结果提交受托人。

（4）计算企业年金待遇。

（5）向企业和受益人提供企业年金基金企业账户和个人账户信息查询服务，向受益人提供年度权益报告。

（6）定期向受托人提交账户管理数据等信息以及企业年金基金账户管理报告，定期向有关监管部门提交开展企业年金基金账户管理业务情况的报告。

（7）按照国家规定，保存企业年金基金账户管理档案自合同终止之日起至少15年。

（四）企业年金的托管人

托管人是指接受受托人委托保管企业年金基金财产的商业银行。与其他三个管理人不同，企业年金托管人只能由银行担任。托管人的主要职责如下：

（1）安全保管企业年金基金财产。

（2）以企业年金基金名义开设基金财产的资金账户和证券账户等。

（3）对所托管的不同企业年金基金财产分别设置账户，确保基金财产的完整和独立。

（4）根据受托人指令，向投资管理人分配企业年金基金财产。

（5）及时办理清算、交割事宜。

（6）负责企业年金基金会计核算和估值，复核、审查和确认投资管理人计算的基金财产净值。

（7）根据受托人指令，向受益人发放企业年金待遇。

（8）定期与账户管理人、投资管理人核对有关数据。

（9）按照规定监督投资管理人的投资运作，并定期向受托人报告投资监督情况。

（10）定期向受托人提交企业年金基金托管和财务会计报告，定期向有关监管部门提交开展企业年金基金托管业务情况的报告。

（11）按照国家规定，保存企业年金基金托管业务活动记录、账册、报表和其他相关资料自合同终止之日起至少 15 年。

由于托管人安全保管企业年金基金和投资监督的职责，因此托管人发现投资管理人依据交易程序发出的尚未成立的投资指令违反法律、行政法规、其他有关规定或合同约定的，应当拒绝执行，立即通知投资管理人，并及时向受托人和有关监管部门报告。托管人发现投资管理人依据交易程序已经成立的投资指令违反法律、行政法规、其他有关规定或合同约定的，应当立即通知投资管理人，并及时向受托人和有关监管部门报告。

（五）企业年金的投资管理人

投资管理人是指接受受托人委托投资管理企业年金基金财产的专业机构。

投资管理人的主要职责如下：

（1）对企业年金基金财产进行投资。

（2）及时与托管人核对企业年金基金会计核算和估值结果。

（3）建立企业年金基金投资管理风险准备金。

（4）定期向受托人提交企业年金基金投资管理报告，定期向有关监管部门提交开展企业年金基金投资管理业务情况的报告。

（5）按照国家规定，保存企业年金基金财产会计凭证、会计账簿、年度财务会计报告和投资记录自合同终止之日起至少 15 年。

一个企业年金计划应当仅有一个受托人、一个账户管理人和一个托管人，可以根据资产规模选择适量的投资管理人。

同一企业年金计划中，受托人与托管人、托管人与投资管理人不得为同一人；建立企业年金计划的企业成立企业年金理事会作为受托人的，该企业与托管人不得为同一人；受托人与托管人、托管人与投资管理人、投资管理人与其他投资管理人的总经理和企业年金从业人员不得相互兼任。

同一企业年金计划中，法人受托机构具备账户管理或投资管理业务资格的，可以兼任账户管理人或投资管理人。

除了四个管理人外，企业年金运营过程中还会涉及部分中介机构，如咨询公司、投资顾问公司、信用评估公司、律师事务所、会计师事务所等各类中介服务机构。这些机构受企业或企业年金基金管理机构的委托，从事企业年金方案设计、咨询、审计、评估等业务。

七、企业年金的运作流程

企业建立企业年金计划，大致需要经过拟定企业年金方案、企业年金方案备案、选择企业年金运营机构和确定计划模式、计划建立和持续运营四个阶段。

（一）拟定企业年金方案阶段

企业建立企业年金计划必须满足三个前提条件：依法参加基本养老保险并履行缴费义务、具有相应的经济负担能力、已建立民主协商机制。符合这三个条件并确定实施企业年金计划后，企业需与职工一方通过集体协商确定，并拟定企业年金方案。为确保企业年金计划实施中的组织管理职能得到履行，企业可以成立由职工代表和相关部门组成的企业年金管理委员会，作为企业年金议事和重大事宜决议机构，从而加强对企业实施企业年金的组织指导。

企业年金方案必须包括以下内容：参加人员、资金筹集与分配的比例和办法、账户管理、权益归属、基金管理、待遇计发和支付方式、方案的变更和终止、组织管理和监督方式、双方约定的其他事项。

企业年金管理委员会根据企业具体情况，在法规规定的范畴内拟定企业年金方案初稿，提交企业职工代表大会或全体职工讨论通过后方可向监管部门备案。若职工代表大会或职工大会未通过，企业年金管理委员会则需重新修订方案，直至通过后方可将方案提交监管部门备案。

企业年金方案设计的核心内容包括单位缴费和分配规则、个人缴费规则、单位缴费的归属规则。以上规则的设定需符合法规的要求，并与企业人力资源管理战略和发展规划相契合。在单位缴费和分配规则方面，有比例法、系数法、确定金额法等方式可供选择。比例法为企业直接按照职工工资收入的一定比例为职工个人缴费；系数法为综合考虑职工职级、工龄、年龄、贡献度等多重因素进行缴费划分的方式；确定金额法为直接确定每一类职工的单位缴费金额的方式。企业可以选择一种或多种缴费分配方式。针对建立企业年金计划时临近退休的人员，企业亦可单独预留一部分单位缴费给这部分人员作为补偿，从而加快其企业年金积累速度，适当解决因积累期限过短导致退休时领取金额偏低的问题。在个人缴费方面，大部分企业选择按照单位为其缴费的一定比例确定个人缴费，或者直接固定金额缴纳的方式。归属规则是指企业可以将单位缴费中已经分配至职工个人账户的金额设置一定的归属规则，一般与职工在单位的工作时间挂钩，阶梯式逐年递增进行归属，达到一定的工作时间（不得超过 8 年）后，单位缴费 100%归属个人。个人在未达到全额归属的期间内离职，则单位缴费扣除未归属个人的部分，直接从个人账户划回企业账户。个人账户中个人缴费部分来自个人收入，该部分企业年金资金 100%归属个人。

企业年金方案中单位缴费的归属规则示例如表 8-1 所示。

表 8-1　企业年金方案中单位缴费的归属规则示例

<table>
<tr><th>权益归属核算时点</th><th>N/年</th><th>归属比例/%</th></tr>
<tr><td rowspan="6">职工与本单位解除劳动合同</td><td>N<1 年</td><td>0</td></tr>
<tr><td>1 年≤N<2 年</td><td>10</td></tr>
<tr><td>2 年≤N<3 年</td><td>30</td></tr>
<tr><td>3 年≤N<5 年</td><td>60</td></tr>
<tr><td>5 年≤N<8 年</td><td>80</td></tr>
<tr><td>N≥8 年</td><td>100</td></tr>
<tr><td colspan="2">企业年金方案终止</td><td rowspan="5">100</td></tr>
<tr><td colspan="2">达到法定退休年龄、完全丧失劳动能力或死亡</td></tr>
<tr><td colspan="2">非因职工过错企业解除劳动合同，或者因企业违反法律规定职工解除劳动合同</td></tr>
<tr><td colspan="2">劳动合同期满，由于企业原因不再续签劳动合同</td></tr>
<tr><td colspan="2">由于股东单位、集团安排调离本公司</td></tr>
</table>

注：N 是指在本单位的工作年限，不得超过 8（含）。

（二）企业年金方案备案阶段

企业年金方案必须经过人力资源和社会保障行政部门审批通过后方可执行。按照规定，企业应当将企业年金方案报送所在地县级以上人民政府人力资源和社会保障行政部门。中央所属企业的企业年金方案报送人力资源和社会保障部。跨省企业的企业年金方案报送其总部所在地省级人民政府人力资源和社会保障行政部门。省内跨地区企业的企业年金方案报送其总部所在地设区的市级以上人民政府人力资源和社会保障行政部门。人力资源和社会保障行政部门收到企业年金方案后，综合评估企业的方案实施条件、方案内容的合法合规性，无异议后出具企业年金方案审批复函。企业收到同意实施的复函后即可正式建立企业年金计划。

若人力资源和社会保障行政部门对企业提交的方案存在异议，则需要企业进一步说明或修订已提交的企业年金方案，修订后的企业年金方案经内部民主决议流程通过后再次提交备案程序。

（三）选择企业年金运营机构和确定计划模式阶段

企业和职工建立企业年金，应当确定企业年金受托人，由企业代表委托人与受托人签订受托管理合同。企业年金确定受托人后，再由受托人确定托管人、账户管理人和投资管理人。

在进行企业年金受托人选择的同时，企业还需要确定企业年金计划模式。企业年金受托人的选择和企业年金计划模式的选择相互影响。

企业年金计划模式包括单一计划和集合计划两种模式。企业年金单一计划是指受托人将单个委托人交付的企业年金基金，单独进行受托管理的企业年金计划。企业年金集合计划是指同一受托人将多个委托人交付的企业年金基金，集中进行受托管理的企业年金计划。一个企业年金方案的委托人只能建立一个企业年金单一计划或参加一个企业年金集合计划。

1. 单一计划

单一计划是指单个企业的企业年金独立运营、单独投资和核算的企业年金计划。作为委托人，企业可以参与其企业年金计划的重要决策，参考企业和职工的具体情况，可以为其企业年金计划进行个性化的管理人选择和搭配、拟定适合企业自身的投资政策、对管理人进行个性化的考核规则设置等。因为管理效率和企业年金基金投资规模化的要求，所以单一计划的建立需要企业的企业年金基金具有一定的规模基础。因为单一计划企业年金基金单独投资管理，所以投资管理人需要针对不同的计划分配配置不同的投资经理，规模太小不利于投资经理充分参与证券市场的投资，若投资管理人管理过多的单一计划，对其自身投资经理的配置也会造成较大的压力。对于参加单一计划的企业而言，在企业年金运营过程中，涉及管理人选择和考核、投资决策等事宜，需要企业具备一定的企业年金管理专业积累和决策能力，以匹配相应的管理职责。

若企业选择单一计划模式运作，在确定受托人后，作为委托人的企业需要与受托人签署受托管理合同，受托人再分别与选定的账户管理人、托管人和投资管理人签署相应的委托合同。所有合同签署完毕后，受托人到人力资源和社会保障部门或企业年金方案备案所在地省级、计划单列市人力资源和社会保障厅（局）履行企业年金计划管理合同备案程序，报送备案申请函及管理合同等相关材料。人力资源和社会保障部门应及时审核并反馈审核意见，于收到符合规定的备案材料之日起15日内出具计划确认函。

2. 集合计划

集合计划集中多个企业的企业年金基金进行统一投资运作，采用集合计划的意义在于委托人可以通过集中资金的模式充分参与企业年金市场化运作，发挥规模优势和提高企业年金基金管理的效率。集合计划是指企业年金基金的集中管理，在企业账户和个人账户缴费、记账和投资收益分配时，仍是单独建账、独立核算的。因此，集合计划并不影响单个企业年金计划运营的独立性。

集合计划受托人应当将拟定的集合计划受托管理合同、签订的委托管理合同以及该集合计划的投资组合说明书报人力资源和社会保障部门备案。因为集合计划为标准化产品，各方管理人和具体的投资组合在产品备案时已经确定，所以企业参加集合计划，仅需在现有的集合计划产品和投资组合中进行选择即可。确定产品和组合后，企业和受托人按照已备案的受托合同版本签署集合计划受托合同，即完成合同签署环节。其他委托管理合同在产品报备时已签署，无须在每个企业加入集合计划时重复签署。因为集合计划合同在产品备案时已经履行备案流程，所以企业加入集合计划时签署的受托合同同样无须再次履行合同报备流程。

相较于单一计划，集合计划产品简单、流程便捷，更适合中小企业作为建立企业年金计划时的首选模式。

目前，养老金产品投资成为企业年金资产配置的重要产品，在企业年金资产中比重日益提升。养老金产品的出现，使得企业年金计划投资管理从单一计划和集合计划这种前端模式区分逐步过渡到后端产品化投资的趋势。后端产品集中可以充分发挥资产的规模效应和提升优秀投资经理的溢出效应。

养老金产品出现后，单一计划和集合计划规模区分相对弱化，但是基于两者总体的区别，目前市场上年金资产规模在5 000万元以内的企业在计划模式上仍以集合计划为主。

（四）计划建立和持续运营阶段

企业在完成企业年金方案设计和报备、确定计划管理模式和管理人、完成签约和单一计划合同报备流程后，即可着手建立企业年金账户，进行企业年金缴费和运营。

企业年金计划建立和运营的主要业务及流程如下：

1. 开户

开户包括为企业年金基金财产开立资金账户及证券账户，用于企业年金基金的资金划拨及证券投资。开户由托管人负责。单一计划是在收到合同备案的计划确认函后办理开户手续，集合计划是在产品报批通过、收到计划确认函后统一开户，各个企业加入时无须另行开户。

资金账户包括受托财产托管账户、投资资产托管账户、投资风险准备金账户。受托财产托管账户是指托管人开立的、专门用于归集企业年金缴费、向投资资产托管账户划拨资金、向受益人支付企业年金待遇、依据法律法规的规定支付企业年金管理费用或转移企业年金基金财产的专用存款账户。投资资产托管账户是指托管人开立的、专门用于所托管的企业年金基金因投资运作而发生的资金清算交收的专用存款账户。投资管理风险准备金账户是指投资管理人开立的、专门用于存放从投资管理人投资管理费中提取的投资管理风险准备金的专用存款账户。

证券账户是托管人按照有关规定在中国证券登记结算有限公司上海分公司和深圳分公司为企业年金基金按投资组合开立的证券账户。证券账户按企业年金基金投资管理人管理的每个组合开立，账户名称为企业年金计划和托管人的联名。同时，托管人以其名义在中国证券登记结算有限责任公司（以下简称“中国结算公司”）申请开立结算备付金账户，用于其所托管全部基金（含企业年金基金）的资金清算与交收。

2. 计划建立

计划建立是指新的企业年金计划初始建立的过程。在计划建立环节，受托人和账户管理人需要完成计划、企业、个人等各类信息的记录和相关账户的开立。

计划建立环节的基本流程为按照企业年金管理机构相关流程的约定，受托人或账户管理人进行计划建立的业务受理。例如，受托人将计划相关的各类信息发送至账户管理人，账户管理人进行信息记录并向受托人返回记录结果，受托人进行确认和审核。

计划在日常运行过程中发生的投资组合、服务机构、企业、企业投资规则、个人及受益人信息的新增处理同样适用此流程。

3. 缴费处理

缴费处理是指企业年金基金向委托企业及职工收取年金缴费并记录账务信息的过程。缴费环节的基本流程为受托人向账户管理人发出委托人提交的“缴费申请汇总”和“缴费申请明细”信息，账户管理人在完成应缴处理后，向受托人发出“缴费通知”及相应的“缴费通知明细”；受托人根据缴费通知中的应缴金额向托管人发送“缴费收账通知”，托管人在收到缴费款项后向受托人发出“资金到账信息”。受托人根据应缴金额和实际到账金额的匹配关系向账户管理人发送“缴费确认信息”和“资金到账信息”。账户管理人完成应缴与实缴的匹配处理，向受托人返回“实收缴费汇总”和相应的“实收缴费明细”。该期新增缴费进行首次投资组合买入处理后，账户管理人向受托人发出“缴费投资分配”信息。实际数据交换流程必须按照企业年金管理机构相关流程约定进行。

4. 信息变更

信息变更是指在企业年金计划的日常运行过程中，对计划、企业、个人相关的各类信息进行变更的处理。信息变更环节的基本流程为按照企业年金管理机构相关流程约定，受托人或账户管理人进行计划相关信息变更的业务受理。例如，受托人将变更后的各类信息发送至账户管理人，账户管理人进行信息记录并向受托人返回记录结果，受托人进行确认和审核。信息变更时，受托人只需要将变更项目的内容填上即可，不变更的项目可为空。

5. 权益分配

权益分配主要是指企业账户的权益分配处理。权益分配的基本流程为根据企业的意愿，受托人向账户管理人发送权益分配通知和相应的权益分配明细，或者账户管理人直接生成权益分配明细，由账户管理人进行分配处理。

6. 待遇支付

待遇支付是指根据委托企业和个人的支付申请对个人的年金资金进行的待遇核算和资金支付处理。待遇支付处理的基本流程为受托人向账户管理人发出委托人提交的支付申请信息，账户管理人完成支付处理后向受托人发出支付明细信息，受托人根据支付明细信息生成支付指令发送至托管人，托管人完成支付划款处理后向受托人发送支付指令反馈。实际数据交换流程必须按照企业年金管理机构相关流程约定进行。

7. 转移处理

转移处理是指年金计划在日常运行过程中发生的企业职工在账户管理人之间、企业之间转移或离职转保留的处理。

转移处理的基本流程为受托人向账户管理人发送委托人的转移申请信息，账户管理人完成转移处理后向受托人发出转移报告。如涉及计划间资产转移，受托人向托管人发送资金划拨指令。实际数据交换流程必须按照企业年金管理机构相关流程约定进行。

8. 投资处理

投资处理是指企业年金基金相关投资组合的买卖处理以及投资管理。投资处理环节的基本流程为在约定的预汇总日，账户管理人对本成交周期内，截至预汇总日的各类投资买卖指令进行预汇总，向受托人发出投资成交预汇总信息。在估值日，托管人和投资管理人完成估值，向受托人发出资产估值信息及资产估值明细，受托人确认后向账户管理人发出资产估值信息及资产估值明细。在成交日，账户管理人完成成交处理，在约定时间向受托人发出投资成交汇总及投资成交汇总（企业级）。受托人收到投资成交汇总后，生成资金划拨指令，发送至托管人和投资管理人。在日常的交易过程中，托管人和投资管理人通过交易资金划拨指令和交易资金划拨指令反馈完成交易资金划拨处理，并按日核对资金调节表信息。实际数据交换流程必须按照企业年金管理机构相关流程约定进行。

9. 管理费支付

管理费支付是指向企业年金计划管理机构支付管理费的处理过程。管理费支付的基本流程为如需从受托户支付管理费，则由受托人向托管人发送资金划拨指令并接收对方反馈；如需从投资户支付管理费，则由受托人发送资金划拨指令给投资管理人，由其核对并准备头寸后发送托管人，托管人在执行完毕后反馈受托人。

10. 报告及信息披露

账户管理人、托管人和投资管理人应当在每季度结束后 15 日内向受托人提交企业年金基金账户管理季度报告，并应当在年度结束后 45 日内向受托人提交企业年金基金账户管理年度报告。受托人应当在每季度结束后 30 日内向委托人提交企业年金基金管理季度报告，并应当在年度结束后 60 日内向委托人提交企业年金基金管理和财务会计年度报告。

八、企业年金基金的投资管理

作为企业职工补充养老保障，企业年金缴费和领取的平均间隔期间较长，缴费累积期间投资收益情况对个人账户资金积累影响较大，补充养老保险的资金性质对投资的安全性和收益性均具有较高的要求。因此，企业年金基金投资管理应当遵循谨慎、分散风险的原则，充分考虑企业年金基金财产的安全性、收益性和流动性，实行专业化管理。为保障企业年金资金的稳健增值、抵消通货膨胀的影响、提升职工退休后企业年金的替代率、为退休人员收入提供保障，政府对企业年金的投资管理制定了严格的投资规范化要求。

（一）企业年金投资政策变更

2004 年 1 月，随着《企业年金试行办法》（中华人民共和国劳动和社会保障部〔2004〕第 20 号令）的出台，《企业年金基金管理试行办法》（中华人民共和国劳动和社会保障部、中国银行业监督管理委员会、中国证券监督管理委员会、中国保险监督管理委员会〔2004〕第 23 号令）随后出台，为企业年金投资管理提供了政策依据。

随着企业年金市场的逐步发展和投资实践，后续投资政策持续修订和完善。2011 年 2 月，《企业年金基金管理办法》（中华人民共和国人力资源和社会保障部、中国银行业监督管理委员会、中国证券监督管理委员会、中国保险监督管理委员会〔2011〕第 11 号令）正式出台，对企业年金基金投资范围和比例进行了优化与调整。

2013 年 3 月，人力资源和社会保障部、中国银行业监督管理委员会、中国保险监督管理委员会、中国证券监督管理委员会联合发布《关于扩大企业年金基金投资范围的通知》

（人社部发〔2013〕23 号）、《关于企业年金养老金产品有关问题的通知》（人社部发〔2013〕24 号），进一步扩大企业年金投资范围，并明确企业年金养老金产品的发行和投资规则指引。自此，企业年金投资开始向产品化归集投资的趋势发展。

2020 年 12 月，为统一企业年金和职业年金的投资政策，促进年金市场健康发展，人力资源和社会保障部发布《人力资源社会保障部关于调整年金基金投资范围的通知》（人社部发〔2020〕95 号）。该文件的发布，有利于拓宽年金基金投资渠道，提高投资效率，分散投资风险，促进年金基金在新形势下健康发展。

（二）企业年金投资产品和投资范围

按照企业年金可投资资产的期限和风险收益特征，企业年金可投资资产主要分为三大类：权益类资产、固定收益类资产、货币市场工具类资产（见表 8-2）。考虑到企业年金长期性和安全性的特点，固定收益类资产是企业年金基金的主要投资方向。

表 8-2　企业年金可投资资产分类

资产类别	资产明细
权益类资产	股票、股票基金、混合基金、股票型养老金产品
固定收益类资产	一年期以上的银行存款、标准化债权类资产、信托产品、债权投资计划、债券基金、固定收益型养老金产品、混合型养老金产品等
货币市场工具类资产	一年期以内（含一年）的银行存款、中央银行票据、同业存单、剩余期限在一年期以内（含一年）的国债、债券回购、货币市场基金、货币型养老金产品等

（三）养老金产品投资的意义和趋势

养老金产品是由企业年金基金投资管理人发行的、面向企业年金基金定向销售的企业年金基金标准投资组合，其投资范围与企业年金可投范围一致。

2013 年《关于企业年金养老金产品有关问题的通知》（人社部发〔2013〕24 号）的发布使养老金产品的发行和投资正式拉开序幕。养老金产品的投资对企业年金投资具有重大意义，使企业年金投资可以向后端归集过渡，有利于集中优势资源、大幅提高企业年金的投资效率，对于企业年金各方参与者均有利。

1. 养老金产品的分类

根据养老金产品投资方向的不同，养老金产品可以进行如下分类：

（1）股票型：投资股票、股票基金、混合基金的比例合计高于产品资产净值的 30%。

（2）混合型：投资股票、股票基金、混合基金的比例合计不得高于产品资产净值的 30%。

（3）固定收益型：投资银行定期存款、协议存款、国债、金融债、企业（公司）债、可转换债（含分离交易可转换债）、短期融资券、中期票据、商业银行理财产品、信托产品、基础设施债权投资计划、特定资产管理计划、债券基金的比例合计高于产品资产净值的 80%。可转换债（含分离交易可转换债）转股后应当于 10 个交易日内卖出。固定收益型养老金产品（简称"固收型养老金产品"）不得投资股票基金、混合基金；可以投资股票一级市场，且应当在上市流通后 10 个交易日内卖出，但不得投资股票二级市场。

（4）货币型：投资银行活期存款、一年以内（含一年）的银行定期存款、剩余期限在 397 天以内（含 397 天）的债券、债券回购、期限在一年以内（含一年）的中央银行票据、货币市场基金、短期理财债券基金。

（5）产品名称显示投资方向的固定收益型养老金产品，应当有 80%以上的非现金资产投资于投资方向确定的内容，可以包括存款型、债券型、债券基金型、商业银行理财产品型、信托产品型、基础设施债权投资计划型、特定资产管理计划型、保险产品型等类型。

2. 养老金产品投资的意义

对于投资管理人而言，更加主动的投资，充分体现创新能力和投研能力，实现后端归集，发挥规模效应，集中资源提高投资效率。

对于受托人而言，养老金产品投资可以发挥受托人在计划层面资产配置的作用，通过养老金产品的业绩与长效分析强化对投资管理人的绩效考核和选择管理。同时，受托人也可以根据委托人风险偏好在全市场甄选合适的养老金产品进行受托直投模式的管理，实现在年金计划层面的主动管理。

对于委托人而言，企业年金基金规模对计划选择和投资收益的影响逐渐消弭，可分享优质投资经理管理的养老金产品，投资效率的提升有助于提升企业年金基金长期收益水平。

就长期而言，养老金产品的普及和推广有利于向发达国家企业年金管理模式靠近，即逐步过渡到职工个人进行产品选择，根据个人的风险偏好在既有养老金产品中进行选择，提高个人对企业年金基金投资的参与度和对结果的影响力。

3. 企业年金基金的投资估值机制

企业年金基金采取净值法进行估值。初始取得投资时，企业应当以交易日支付的价款计入投资的成本。发生的交易费用及相关税费直接计入当期损益。支付的价款中包含的、已到付息期但尚未领取的利息或已宣告但尚未发放的现金股利，分别计入应收利息或应收股利。投资持有期间被投资单位宣告发放的现金股利，或者资产负债表日按债券票面利率计算的利息收入，应确认为投资收益。

企业年金基金的投资应当按日估值，或者至少按周进行估值。企业在估值日对投资进行估值时，应当以估值日的公允价值计量，公允价值与上一估值日公允价值的差额，计入当期损益（公允价值变动损益）。

企业进行投资处置时，应在交易日按照卖出投资取得的价款与其账面价值（买入价）的差额，确定投资损益。

九、我国企业年金的发展历程

在我国，企业年金产生于20世纪80年代末90年代初，当时国家经济处于改革的关键时期，国务院适时出台了《国务院关于企业职工养老保险制度改革的决定》（国发〔1991〕33号），首次明确指出，要逐步建立起基本养老保险、企业补充养老保险和职工个人储蓄型养老保险相结合的三支柱养老保障体系，从国家法规层面确立了企业年金的社会保障地位。

1994年，《中华人民共和国劳动法》规定，国家鼓励用人单位根据本单位实际情况为劳动者建立补充养老保险。这为我国发展补充养老保险提供了法律依据。

1995年，国务院出台的《国务院关于深化企业职工养老保险制度改革的通知》（国发〔1995〕6号）规定，国家在建立基本养老保险、保障提退休人员基本生活的同时，鼓励建立企业补充养老保险和个人储蓄性养老保险。企业在按规定缴纳基本养老保险费后，可以在国家政策的指导下，根据本单位经济效益情况，为职工建立补充养老保险。企业补充养老保险和个人储蓄性养老保险，由企业和个人自主选择经办机构。1995年，劳动部印发了《关于建立企业补充养老保险制度的意见》（劳动部发〔1995〕464号），对企业补充养老保险的实施主体和条件、决策程序和管理组织、资金来源、记账方式和计发办法、供款方式和水平、经办机构和委托程序、投资运营、基金转移等内容做出了共25条具体的规定，奠定了建立和发展补充养老保险制度的基本政策框架。

1997年，国务院出台了《国务院关于建立统一的企业职工基本养老保险制度的决定》，明确提出各地区和有关部门要在国家政策的指导下大力发展企业补充养老保险，同时发挥商业养老年金保险的补充作用。

2000年，国务院出台《国务院关于印发完善城镇社会保障体系试点方案的通知》（国发〔2000〕42号）中确定了四项新的政策：第一，将“企业补充养老保险”更名为“企业年金”；第二，确定采取个人账户管理方式；第三，明确税收优惠政策，规定企业缴费在职工工资总额4%以内部分可以纳入成本，允许税前列支；第四，实行市场化运营和管理。这一文件是在总结过去补充养老保险改革和发展经验的基础上，确定了企业年金发展的基本模式和战略方向，为进一步推动企业年金发展创造了条件。

2001 年，《国务院关于同意辽宁省完善城镇社会保障体系试点实施方案的批复》（国函〔2001〕79 号）进一步明确要求，有条件的企业可以为职工建立企业年金，并实行市场化运营和管理。2001 年 7 月 1 日，国务院批准城镇社会保障体系试点方案在辽宁省全省试点。

2002 年，辽宁省印发了《辽宁省城镇企业职工企业年金试行办法》。这一试点办法的有效实施，有力推动了我国企业年金制度的发展。

2004 年 5 月，《企业年金试行办法》和《企业年金基金管理试行办法》开始实施。《企业年金基金管理试行办法》初步构建了我国企业年金基金管理运作的制度框架，确立了企业年金基金信托财产的法律地位；确定了以受托人为责任主体、独立托管的企业年金基金治理结构，明确了受托人和账户管理人、托管人、投资管理人之间的法律关系和各自的职责义务；构筑了企业年金基金运作中的协同监管体系。两个办法的出台和实施，是实施养老保障“多支柱”战略的重大制度安排，使企业年金作为我国养老保障体系的重要支柱第一次有了制度保障，加快了企业年金的发展和普及，推动我国多支柱养老保障体系的建设。

2017 年 12 月，人力资源和社会保障部出台《企业年金办法》，并于 2018 年 2 月 1 日起施行。《企业年金办法》根据企业年金市场发展、配合机关事业单位职业年金相关管理规定，对企业年金的定义、缴费规则、资金分配和归属、待遇领取条件、适用范围、方案报备和审批等规则进行进一步的调整和规范，以保护职工利益、与职业年金政策接轨，从而促进企业年金长期持续发展、凸显养老保障第二支柱的地位和作用。

截至 2022 年上半年，全国有 12.23 万个企业建立了企业年金，参加职工人数为 2 954.23 万人，累计基金规模为 27 567.67 亿元。

第三节　政策性补充养老保险——职业年金

职业年金是指在机关事业单位及其工作人员已参加基本养老保险的基础上建立的补充养老保险制度，是机关事业单位养老保险制度改革的重要组成部分。

一、机关事业单位工作人员养老保险制度改革的背景

我国的养老保障体系长期处于“双轨制”的情形之下，即机关事业单位人员退休金和

企业职工退休金之间差异巨大，导致社会资源分配不均衡、社保支付缺口持续扩大的问题。为从制度上化解“双轨制”的矛盾，保障制度的公平性，促进养老保障第二支柱的长效发展，机关事业单位养老保障改革开始逐步实施。

（一）“双轨制”的成型

2015年之前，我国的机关事业单位与企业职工适用不同的养老保障制度。机关事业单位总体维持单位退休制度，在职期间基本不需要缴纳养老保险费，职工退休后从机关事业单位领取退休金，退休后的收入与退休前的水平相当或差异较小。

企业职工实行基本养老保险制度，在职期间由企业和个人分别缴纳基本养老保险费，采用“统筹账户”和“个人账户”相结合的模式，退休后的养老保险待遇与退休前普遍差异较大。由于基本养老保险对公平性和最低保障的要求，企业职工在职期间收入越高、缴费越多，退休时基本养老保险替代率越低，导致企业和职工的缴费与收入匹配度不高，与机关事业单位退休待遇差异较大，出现一定的不公平现象。这是形成“双轨制”的历史原因。

（二）“双轨制”养老保障制度矛盾显现

随着社会主义市场经济的发展，机关事业单位退休制度逐步暴露出一些明显的矛盾，如养老金计算规则难以体现个人劳动贡献甚至发生兑付困难等情况。由于制度模式不同，机关事业单位与企业之间养老保险关系难以转移接续，同类人员之间的养老待遇不平衡。

基于以上情况，按照党的十八大和十八届三中、四中全会精神，为统筹城乡社会保障体系建设，建立更加公平、可持续的养老保险制度，国务院决定改革机关事业单位工作人员养老保险制度。

（三）机关事业单位工作人员养老保险制度改革的进程

1978年，国务院发布《国务院关于工人退休、退职的暂行办法》（国发〔1978〕104号）；1993年，国务院发布《国务院关于机关和事业单位工作人员工资制度改革问题的通知》（国发〔1993〕79号）。这两个文件确定了机关事业单位人员按照退休前的职业工资和津贴打折后计发退休费的退休金模式。

自2000年开始，国家开始研究和逐步推进机关事业单位人员的养老保障制度的改革。2000年，《关于国家经贸委管理的10个国家局所属科研机构转制后有关养老保险问题的通知》（劳社部发〔2000〕2号）发布，明确转制后的科研机构实行企业职工基本养老保险制度。

2008年，国务院发布《国务院关于印发事业单位工作人员养老保险制度改革试点方案的通知》（国发〔2008〕10号），确定在山西、上海、浙江、广东、重庆5个省（直辖市）进行事业单位养老保险制度改革试点，职业年金制度正式浮出水面。

2011 年，《中共中央 国务院关于分类推进事业单位改革的指导意见》发布，提出按照社会功能将现有事业单位划分为承担行政职能、从事生产经营活动和从事公益服务三个类别。

2013 年，党的十八届三中全会召开，发布了《中共中央关于全面深化改革若干重大问题的决定》，明确提出要建立更加公平可持续的社会保障制度，推进机关事业单位养老保险制度改革，构建多层次社会保障体系。

2015 年，国务院发布《国务院关于机关事业单位工作人员养老保险制度改革的决定》（国发〔2015〕2 号），明确实行社会统筹与个人账户相结合的基本养老保险制度和建立职业年金制度。职业年金是机关事业单位养老保险制度改革的重要组成部分，可以弥补改革前后的养老待遇落差，有助于推进机关事业单位养老保险改革的顺利落地。

（四）机关事业单位工作人员养老保险制度改革的目标和原则

机关事业单位工作人员养老保险制度改革的总目标为建立资金来源多渠道、保障方式多层次、管理服务社会化的机关事业单位养老保险体系。

改革遵循以下基本原则：

1. 公平与效率相结合

改革既体现国民收入再分配更加注重公平的要求，又体现工作人员之间贡献大小的差别，建立待遇与缴费挂钩机制，多缴多得、长缴多得，提高单位和职工参保缴费的积极性。

2. 权利与义务相对应

机关事业单位工作人员要按照国家规定切实履行缴费义务，享受相应的养老保险待遇，形成责任共担、统筹互济的养老保险筹资和分配机制。

3. 保障水平与经济发展水平相适应

改革立足社会主义初级阶段基本国情，合理确定基本养老保险筹资和待遇水平，切实保障退休人员基本生活，促进基本养老保险制度可持续发展。

4. 改革前与改革后待遇水平相衔接

改革立足增量改革，实现平稳过渡。对改革前已退休人员，改革保持现有待遇并参加今后的待遇调整；对改革后参加工作的人员，改革通过建立新机制，实现待遇的合理衔接；对改革前参加工作、改革后退休的人员，改革通过实行过渡性措施，保持待遇水平不降低。

5. 解决突出矛盾与保证可持续发展相促进

改革统筹规划、合理安排、量力而行，准确把握节奏和力度，先行解决目前城镇职工基本养老保险制度不统一的突出矛盾，再结合养老保险顶层设计，坚持精算平衡，逐步完善相关制度和政策。

（五）机关事业单位工作人员养老保险制度改革的范围

机关事业单位工作人员养老保险制度改革适用于按照《中华人民共和国公务员法》管理的单位和参照《中华人民共和国公务员法》管理的机关（单位）、事业单位及其编制内的工作人员。

二、职业年金制度

改革后的机关事业单位养老保险采用基本养老保险和职业年金相结合的制度。其中，基本养老保险作为养老保障体系的第一支柱，职业年金的功能与企业年金类似，为补充养老保险，属于养老保障体系的第二支柱。

（一）职业年金的基金来源和组成

与企业年金自主性的特点不同，职业年金具有强制实施的属性，即符合参加职业年金条件的机关事业单位，符合职业年金参加条件的人员，必须全部参加职业年金。

按照《国务院办公厅关于印发机关事业单位职业年金办法的通知》（国办发〔2015〕18号）的规定，职业年金所需费用由单位和工作人员个人共同承担。单位缴纳职业年金费用的比例为本单位工资总额的8%，个人缴费比例为本人缴费工资的4%，由单位代扣。单位和个人缴费基数与机关事业单位工作人员基本养老保险缴费基数一致。根据经济社会发展状况，国家适时调整单位和个人职业年金缴费的比例。

职业年金基金由下列各项组成：

（1）单位缴费。

（2）个人缴费。

（3）职业年金基金投资运营收益。

（4）国家规定的其他收入。

（二）职业年金的个人账户管理制度

与企业年金一致，职业年金也是采用个人账户方式管理。但是，与企业年金的单位缴费和个人缴费均采取实账积累的模式不同，为缓解财政压力，遵循“解决突出矛盾与保证可持续发展相结合”的原则，对于财政全额拨款单位，单位缴费可根据单位提供的信息采取记账方式，每年按照国家统一公布的记账利率计算利息，工作人员退休前，本人职业年金账户的累计储存额由同级财政拨付资金记实；对非财政全额拨款单位，单位缴费实行实账积累。个人缴费全部实行实账积累（见图8-3）。

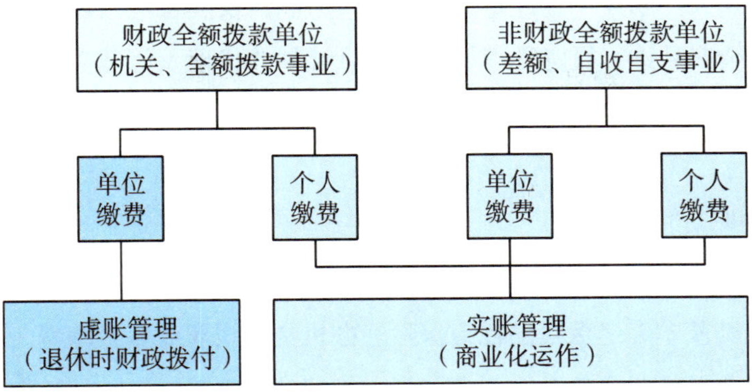

图 8-3 职业年金的个人账户管理

（三）职业年金的账户转移制度

与企业年金类似，职业年金必须达到退休、出国（境）定居、在职期间死亡三个条件之一，方可办理领取手续。工作人员变动工作单位时，新单位实施职业年金或企业年金的，职业年金个人账户资金可以随同转移至新单位的职业年金或企业年金中。工作人员升学、参军、失业期间或新就业单位没有实行职业年金或企业年金制度的，其职业年金个人账户由原管理机构继续管理运营。新就业单位已建立职业年金或企业年金制度的，原职业年金个人账户资金随同转移。

（四）职业年金的管理模式和计划参与方

与企业年金相同，职业年金也是采用信托模式进行管理。但是，计划参与方有所不同，职业年金的计划无账户管理人，参与方除委托人、受托人、托管人、投资管理人外，增加代理人，账户管理的职能由代理人承担。

职业年金的委托人是指参加职业年金计划的机关事业单位及其工作人员。代理人是指代理委托人集中行使委托职责并负责职业年金基金账户管理业务的中央国家机关养老保险管理中心及省级社会保险经办机构。受托人是指受托管理职业年金基金财产的法人受托机构，托管人是指接受受托人委托保管职业年金基金财产的商业银行，投资管理人是指接受受托人委托投资管理职业年金基金财产的专业机构。职业年金基金受托、托管和投资管理机构在具有相应企业年金基金管理资格的机构中选择。

职业年金基金采取集中委托投资运营的方式管理。其中，中央在京国家机关及所属事业单位职业年金基金由中央国家机关养老保险管理中心集中行使委托职责，各地机关事业单位职业年金基金由省级社会保险经办机构集中行使委托职责。代理人可以建立一个或多个职业年金计划，按计划估值和计算收益率，建立多个职业年金计划的，也可以实行统一收益率。一个职业年金计划应当只有一个受托人、一个托管人，可以根据资产规模大小选择适量的投资管理人。职业年金计划的基金财产可以由投资管理人设立投资组合或由受托人直接投资养老金产品进行投资管理。职业年金计划的代理人代理委托人与受托人签订职业年金计划受托管理合同，受托人与托管人、投资管理人分别签订职业年金计划委托管理合同。

1. 委托人的职责

建立职业年金的机关事业单位（委托人）应当履行下列职责：

（1）向管理其基本养老保险的社会保险经办机构申报职业年金缴费。

（2）机关事业单位职业年金缴费按期划入管理其基本养老保险的社会保险经办机构按有关规定设立的职业年金基金归集账户，省级以下社会保险经办机构职业年金基金归集账户资金及时归集至省级社会保险经办机构职业年金基金归集账户，确保资金完整、安全和独立。职业年金基金归集账户设立和管理办法另行制定。

（3）在本单位工作人员出现退休、出国（境）定居、死亡等情况时，向管理其基本养老保险的社会保险经办机构提出待遇支付申请，并协助发放职业年金待遇；在本单位工作人员变动工作单位时，向管理其基本养老保险的社会保险经办机构提出账户转移申请，并协助办理职业年金账户转移；在本单位工作人员出现上述情况或其他有关情况时，向同级财政提出拨付资金记实申请。

2. 代理人的职责

代理人应当履行下列职责：

（1）代理委托人与受托人签订职业年金计划受托管理合同。

（2）设立独立的职业年金基金归集账户，归集职业年金缴费，账实匹配一致后按照职业年金计划受托管理合同约定及时将职业年金基金归集账户资金划入职业年金基金受托财产托管账户，确保资金完整、安全和独立。

（3）负责对归集账户进行会计核算。

（4）负责职业年金基金账户管理，记录单位和个人缴费以及基金投资收益等账户财产变化情况。

（5）计算职业年金待遇，办理账户转移等相关事宜。

（6）定期向受托人提供职业年金基金账户管理相关信息，向机关事业单位披露职业年金管理信息，向受益人提供个人账户信息查询服务。

（7）定期向有关监管部门提交职业年金计划管理报告和职业年金基金账户管理报告，发生重大事件时及时向建立职业年金的机关事业单位和有关监管部门报告。

（8）监督职业年金计划管理情况，建立职业年金计划风险控制机制。

（9）按照国家规定保存职业年金基金委托管理、账户管理等业务活动记录、账册、报表和其他相关资料。

3. 受托人的职责

受托人应当履行下列职责：

（1）选择、监督、更换职业年金计划托管人和投资管理人。

（2）与托管人和投资管理人签订职业年金计划委托管理合同。

（3）制定职业年金基金战略资产配置策略，提出大类资产投资比例和风险控制要求。

（4）基金财产到达受托财产托管账户 25 个工作日内划入投资资产托管账户；向投资管理人分配职业年金基金财产，也可以根据职业年金计划受托管理合同约定将基金财产投资于一个或多个养老金产品。

（5）及时与托管人核对受托财产托管账户的会计核算信息和职业年金基金资产净值等数据。

（6）根据代理人的通知，向托管人发出职业年金收账指令、待遇支付指令及其他相关信息。

（7）建立职业年金计划投资风险控制及定期考核评估制度，严格控制投资风险。

（8）接受代理人查询，定期向代理人提交基金资产净值等数据信息以及职业年金计划受托管理报告。

（9）定期向有关监管部门提交职业年金基金受托管理报告，发生重大事件时及时向代理人和有关监管部门报告。

（10）根据合同约定监督职业年金基金管理情况。

（11）按照国家规定，保存职业年金基金受托管理业务活动记录、账册、报表和其他相关资料。

4. 托管人的职责

托管人应当履行下列职责：

（1）安全保管职业年金基金财产。

（2）以职业年金基金名义开设基金财产的资金账户和证券账户等。

（3）对所托管的不同职业年金基金财产分别设置账户，确保基金财产的完整和独立。

（4）根据受托人指令，向投资管理人划拨职业年金基金财产，或者将职业年金基金财产划拨给一个或多个养老金产品。

（5）及时办理清算、交割事宜。

（6）负责职业年金计划和各投资组合的基金会计核算与估值，复核、审查和确认基金资产净值，并按期向受托人提交基金资产净值、基金估值等必要的信息。

（7）根据受托人指令，向受益人发放职业年金待遇。

（8）定期与受托人、投资管理人核对有关数据。

（9）按照规定监督投资管理人的投资运作，并定期向受托人报告投资监督情况。

（10）定期向受托人提交职业年金计划托管报告，定期向有关监管部门提交职业年金基金托管报告，发生重大事件时及时向受托人和有关监管部门报告。

（11）按照国家规定，保存职业年金基金托管业务活动记录、账册、报表和其他相关资料。

5. 投资管理人的职责

投资管理人应当履行下列职责：

（1）对职业年金基金财产进行投资。

（2）及时与托管人核对投资管理的职业年金基金会计核算和估值数据。

（3）建立职业年金基金投资管理风险准备金。

（4）建立投资组合风险控制及定期评估制度，严格控制组合投资风险。

（5）定期向受托人提交职业年金计划投资组合管理报告，定期向有关监管部门提交职业年金基金投资管理报告，发生重大事件时及时向受托人和有关监管部门报告。

（6）按照国家规定，保存职业年金基金投资管理业务活动记录、账册、报表和其他相关资料。

重要术语

商业养老年金保险　即期年金　延期年金　联合及生存者年金　最后生存者年金

确定给付年金　退还年金　企业年金　职业年金

复习思考题

1. 年金保险有哪些种类？

2. 什么是商业养老年金保险？商业养老保险可以分成哪些类别？

3. 企业年金与商业养老年金保险有何区别？

参考文献

［1］中国精算师协会. 员工福利计划［M］. 北京：中国财政经济出版社，2011.

［2］刘冬姣. 人身保险［M］. 2版. 北京：中国金融出版社，2010.

［3］荆涛. 人寿与健康保险［M］. 北京：北京大学出版社，2011.

［4］张洪涛，庄作瑾. 人身保险［M］. 2版. 北京：中国人民大学出版社，2008.

［5］缪里尔·L. 克劳福特. 人寿与健康保险［M］. 8版. 周伏平，金海军，等译. 北京：经济科学出版社，2000.

附录

《中华人民共和国保险法》

《健康保险管理办法》(2019 年版)

《万能保险精算规定》(2015 年版)

《人身保险伤残评定标准》